놀며 배우는 냇물여행

박희선 지음

지은이 박희선
펴낸이 정규도
펴낸곳 황금시간

초판발행 2011년 5월 20일

편집 권명희
디자인 하태호
일러스트 전규만
감수 송호복, 김명철
사진 도움 월간 〈자연과생태〉, 윤순태, 송호복, 구자춘 외

공급처 (주)다락원 (02)736-2031
주소 경기도 파주시 교하읍 문발리 509-1
전화 (031)955-7272(대)
팩스 (031)955-7273
출판등록 제406-2007-00002호

Copyright ⓒ 2011, 황금시간

저자 및 출판사의 허락 없이 이 책의 일부 또는 전부를 무단 복제 · 전재 · 발췌할 수 없습니다. 잘못된 책은 바꿔 드립니다.

값 11,000원
ISBN 978-89-92533-33-1 13690

http://www.darakwon.co.kr

- 다락원 홈페이지를 통해 인터넷 주문을 하시면 자세한 정보와 함께 다양한 혜택을 받으실 수 있습니다.
- 기타 문의사항은 황금시간 편집부로 연락 주십시오.

물에 사는 동식물을 보러 가요!

놀며 배우는 냇물여행

박희선 지음

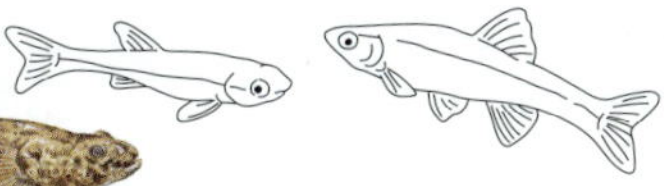

황금시간
Golden Time

책 머리에

"냇물에 가면~"

"물고기도 있고, 도롱뇽도 있고, 날도래도 있고…"

"시장에 가면~" 하고 노래 부르며 시작하는 단어 잇기 놀이가 있어요. 친구들이 돌아가며 물건 이름을 대요. "시장에 가면~" "꽃도 있고!" "시장에 가면~" "꽃도 있고, 생선도 있고!" "시장에 가면~" "꽃도 있고, 생선도 있고, 신발도 있고…" 시장에는 신기한 물건이 참 많아서 앞 친구들이 말한 물건 순서만 기억하면 오래오래 노래를 이어갈 수 있어요.

만약 아이들에게 시장 대신에 냇물을 넣어서 놀이를 하자고 하면 어떤 표정을 지을까요? 냇물에는 시장보다도 신기한 구경거리가 더 많아요. 팔딱팔딱 헤엄치는 물고기와 숨기 선수인 개구리, 도롱뇽, 생김새도 사는 방식도 제각각인 물속곤충들, 냇물에 뿌리를 박고 사는 물풀과 물이끼, 그밖에 돌멩이, 모래, 진흙 등 놀기 좋은 환경도 다채롭게 펼쳐져 있어요. 그런 냇물을 우리 아이들이 잘 관찰해 보았을지 궁금해요. 냇물 친구들과 친해져 이름을 알고 나면 단어 잇기 놀이쯤 백 가지도 거뜬히 할 수 있을 텐데 말이에요.

이 책에는 계곡과 냇물, 강가에 사는 생물 친구들이 많이 등장해요. 아빠 엄마가 아이들 손을 잡고 놀러 가서 쉽게 만날 수 있는 친구들만 모았어요. 냇물생물들이 물속에서 어떤 모습으로 살아가는지, 어떻게 관찰해야 하는지, 생물 이름을 찾는 방법까지 꼼꼼히 나와 있어요. '아파트만 많은 우리 동네에 냇물이 어디 있지?' 하고 걱정하지 마세요. 산과 강이 많은 우리나라에는 어느 도시에서나 한두 시간이면 찾아갈 수 있는 냇물 여행지가 꼭 있답니다. 궁금하면 제3장을 펼쳐 보세요.

자연은 아이들에게 최고의 놀이터이자 배움터예요. 자연 속 생물 친구들과 숨바꼭질 하며 놀다 보면 생명의 소중함도 배우고, 더불어 사는 지구 생태계에 관해서도 자연스 럽게 체득하며, 어린 나이에 책에서 얻기 어려운 다양한 감성을 채울 수 있어요. 사랑하 는 엄마 아빠가 주말 자연체험 교사가 되어 산으로 강으로 이끌어 주면 아이들이 얼마 나 좋아할까요? 이 책은 초등학생 이하 자녀를 둔 부모님이 쉽게 읽고 활용할 수 있도록 썼어요. 시작은 냇물이지만 산, 갯벌, 작은 숲, 도시 공원 등 다양한 시공간에서의 자연체 험여행을 이끌어 줄 다음 책들을 독자 입장에서 벌써부터 기다립니다.

아이들을 위한 자연체험여행이라는 미개척 주제에 관심을 갖고 선뜻 출판을 허락해 주신 도서출판 황금시간의 정규도 대표님께 진심으로 감사합니다. 이 책의 감수를 맡아 주신 송호복, 김명철 박사님, 투박한 원고에서 빈틈을 찾아내 빛나는 조언을 아끼지 않 았던 권명희 편집장님, 한 장 한 장 탐나게 예쁜 책을 만들어 주신 디자이너 하태호 차 장님께도 깊은 감사를 드립니다. 또한 이 책에 담긴 콘텐츠는 월간 〈자연과생태〉에 빚진 바가 너무도 큽니다. 경험만 빚진 것도 아주 감사한데, 생태 사진도 대부분 협조해 주었 습니다. 자연생태라는 미지의 콘텐츠에 눈 뜨게 하고 그 신비한 여행에 언제나 동반자 가 되어 주었던 친구들에게 모든 영광을 돌립니다.

2011년 냇물이 깨어나는 봄에

박 희 선

차례

책 머리에 4

제1장 냇물 관찰하게

냇물이란? 10
무엇을 관찰하나? 16
언제 어디로 갈까? 22
준비물 챙기기 24
- 이렇게 입어요 25
- 이 정도는 기본! 26
- 전문가용 장비 구경하기 28
이렇게 관찰해요 30
- 관찰일지 작성하기 32
- 다양한 환경 살펴보기 34

실전 1 _ 계곡 관찰하기
물의 여행이 시작되는 곳, 산간계류 이야기 39
계류의 왕자, 냉수성 물고기들 42
계곡을 맑게 하는 생물들 44
계곡에 사는 개구리와 도롱뇽 46
그늘에서도 잘 자라는 음지식물들 48

실전 2 _ 상류 냇물 관찰하기
마을과 만나기 직전, 상류하천 이야기 51
생김새도 사는 모습도 다양한 물고기들 54
계곡과 상류 냇물의 경계에 사는 생물들 56
햇빛을 좋아하는 물가식물들 58
얕은 소에서 스노클링하기 60

실전 3 _ 중류 냇물 관찰하기
물은 탁해도 제일 볼거리 많은 중류하천 이야기 63
모래 바닥에서 새롭게 나타나는 물고기들 66
더러운 물을 더 좋아하는 물속생물들 68
민물에 사는 조개들 70

제2장 냇물생물 이름 찾아보기

민물고기
열목어 74 | 둑중개 75 | 금강모치 76 | 미유기 77 | 산천어 78 | 버들치 79 | 쉬리 80 | 어름치 81 | 피라미 82 | 참갈겨니 83 | 꺽지 84 | 돌고기 85 | 가는돌고기 86 | 감돌고기 87 | 새코미꾸리 88 | 참종개 89 | 퉁가리 90 | 자가사리 91 | 동사리 92 | 돌마자 93 | 묵납자루 94 | 꾸구리 95 | 돌상어 96 | 중고기 97 | 밀어 98 | 동자개 99 | 눈동자개 100 | 꼬치동자개 101 | 꾹저구 102 |

양서류
꼬리치레도롱뇽 103 | 도롱뇽 104 | 계곡산개구리 105 | 북방산개구리 106 | 옴개구리 107 | 무당개구리 108 | 물두꺼비 109

곤충
한국큰그물강도래 111 | 한국강도래 112 | 피라미하루살이 113 | 가는무늬하루살이 114 | 뿔하루살

이 115 | 수염치레각날도래 116 | 띠무늬우묵날도래 117 | 어리장수잠자리 118 | 쇠측범잠자리 119 | 물잠자리 120 | 검정날개각다귀 121 | 뱀잠자리 122 | 등빨간소금쟁이 123 | 물자라 124 | 장구애비 125 | 게아재비 126 | 송장헤엄치개 127 | 애기물방개 129 | 물삿갓벌레 130

갑각류
옆새우 131 | 민물새우 132

연체동물
왕우렁이 133 | 물달팽이 134 | 다슬기 135 | 펄조개 136 | 민물담치 137 | 재첩 138

환형동물 / 선형동물 / 편형동물
돌거머리 139 | 연가시 140 | 플라나리아 141

동해권 184
양양 남대천 186 | 왕피천 188 | 태화강 190

체험학습 여행지 192
중앙내수면연구소 193 | 경기도민물고기연구소 193 | 평창 동강 민물고기생태관 194 | 양양연어사업소 195 | 경상북도 민물고기생태체험관 195 | 내수면양식연구센터 196 | 장생포고래박물관 197

부록
우리나라에 사는 민물고기 198
잡으면 안 되는 민물고기 보호종 199
생김새로 알 수 있는 민물고기의 생태 200
물속곤충이 사는 법 202
양서류의 일생 204
물 등급별 지표생물 리스트 206

제3장 냇물 여행지

한강권 144
한탄강 146 | 가평천 148 | 용추계곡 150 | 내린천 152 | 아침가리계곡 154 | 두물머리와 운길산 156 | 동강 160 | 검룡소 162

금강권 164
백마강 166 | 동학사·갑사계곡 168 | 미호천 170 | 갑천 172 | 구천동계곡 174

낙동강권 176
남강 178 | 대원사계곡 180 | 내성천 182

냇물 괜찮아

제1장

흐르는 냇물 속에는 자갈밭도 있고 모래밭도 있고 물풀이 뿌리를 박고 있는 진땅도 있어요. 물살이 너무 빨라서 서 있기 힘든 곳도 있고 호수처럼 잔잔하게 고여 헤엄치기 좋은 곳도 있죠. 냇물 가장자리로 쓸려온 낙엽더미, 어항처럼 물이 고인 웅덩이도 꼭 살펴보세요. 어디에나 냇물생물들이 살고 있어요.

냇물이란?
산에서 마을까지 흘러온 맑은 물

하늘에서 내린 비와 눈은 깊은 산 땅속을 적시고 남은 양이 넘쳐흐르거나 샘물로 솟아난다. 물은 점점 낮은 곳으로, 점점 큰 물줄기를 이루며 흐르다가 급기야 바다로 빠져 나간다. 물이 바다를 만나기 전까지, 즉 소금기가 전혀 없는 상태를 민물, 혹은 담수(淡水)라고 한다. 우리가 흔히 냇물이라고 부르는 마을 앞 작은 개울은 이런 민물의 한 형태다.

깊은 산에서 시작해 바다로 흐르기까지, 민물은 다양한 모습을 보여준다. 산골짜기를 빠르게 달려 내려오는 계곡물은 다른 계곡물과 만나며 수량[1]이 점점 불어난다. 너른 암반지대[2]를 지나면서 급한 여울[3]과 소[4], 폭포를 반복적으로 만들어내고, 마을에 내려와서는 큰 S자 곡선을 그리며 천천히 하류로 나아간다. 하류로 갈수록 물을 더럽히는 오염원이 늘어나고, 심하면 생물이 살 수 없는 상태가 된다. 냇물은 중간에 사람들이 만든 댐이나 저수지에 갇혀 농사를 짓는 데 이용되기도 하고, 큰 호수나 강을 이루기도 한다.

계곡, 냇물, 강 등의 용어는 사실 구분이 명확하지 않다. 학문적으로는 일정한 물길을 갖고 흐르는 물을 하천(河川)이라고 하며, 물의 양, 흐르는 속도, 하천의 폭 등에 따라 산간계류, 상류, 중상류, 중류, 중하류, 하류, 하구 등으로 구분해 부른다. 우리가 흔히 계곡이라고 부르는 것은 계류이며, 냇물은 대부분 2급수[5] 이상을 유지하는 상류~중하류를 말한다. 서울 남과 북을 가르며 멈춘 듯 흐르고 있는 한강은 거대한 한강 줄기에서도 하류에 해당한다.

아이들과 함께 물속 탐사를 하기에 딱 좋은 곳은 시골마을 뒷산이나 마을 옆에서 흔히 보는, 무릎 정도 깊이의 크고 작은 냇물들이다. 이와 함께 우리가 한여름 피서지로, 등산 코스로, 혹은 봄가을 여행지로 즐겨 찾는 깊은 산 계곡에서도 마을 냇물에는 없는 특별한 친구들을 만날 수 있다. 반면에 수심이 깊고 물도 탁한 강 하류는 가까이에서 관찰하기가 쉽지 않으므로 탐사에는 부적합하다.

1 물의 양
2 큰 바위로 이루어진 바닥
3 계곡 바닥이 얕거나 폭이 좁아 물살이 세게 흐르는 곳
4 수심이 깊어 계곡물이 일시적으로 고이는 곳
5 수질의 등급. 생물화학적 산소요구량(BOD)이 3mg/L 이하로 생물이 살기에 비교적 깨끗한 환경이다. 206쪽 참조

태양은 물의 여행을 돕는다

수증기가 모여 구름이 되었다가
눈이나 비로 내린다

바닷물은 수증기로 증발해
하늘로 올라간다

수증기

강 하구

민물과 바닷물이 만난다

갯벌

하천 형태의 분류

학문적으로 구분하는 하천의 유형이다. 흐르는 물길을 단순히 상중하로 나누는 것이 아니라 물의 양과 속도, 하천 바닥의 구조 등 다양한 환경을 측정해 그 형태를 정한다. 하천 형태에 따라 물고기를 비롯해 그곳에 모여 사는 생물들도 달라지므로 이를 이해해 두는 것이 좋다.

산간계류

경사가 가파르고 물살이 센 곳이 많으며, 주변에 숲이 우거져 한여름에도 수온이 낮다. 바닥은 암반과 큰 돌로 이루어졌다. 열목어, 산천어, 둑중개, 금강모치, 연준모치 등 찬물을 좋아하는 1급수 물고기가 산다. 산에서 만나는 계곡이 여기에 속한다.

상류

물 흐름이 빠른 편이고 물살이 굽이도는 구간마다 여울과 소가 번갈아 나타난다. 바닥에 큰 돌과 자갈이 많으며 퉁가리, 참갈겨니, 새코미꾸리 등이 산다. 마을을 만나기 직전이라 아직 오염원이 적다.

중상류

상류와 중류의 중간형으로 바닥에 자갈과 잔자갈 등이 깔려 있다. 쉬리, 돌상어, 꾸구리, 배가사리, 꺽지, 묵납자루, 참종개 등이 산다.

중류

물 흐름이 완만해져 여울과 소가 거의 나타나지 않는다. 바닥에는 자갈, 잔자갈, 모래가 골고루 깔려 있다. 모래무지, 피라미, 기름종개, 줄납자루 등이 산다. 논밭과 공장 등이 있는 마을 옆을 흐르며 오염원이 스며들어 물이 탁해지기 시작한다.

중하류

중류와 하류의 중간형으로 바닥은 잔자갈과 모래로 이루어져 있으며 물 흐름이 느리다. 각시붕어, 돌마자, 떡납자루, 누치 등이 산다.

하류

수심이 깊어 여울에서도 물결이 일지 않는다. 물이 멈춘 듯하고 탁하며 바닥에는 모래나 진흙이 깔려 있다. 붕어, 잉어, 참붕어, 버들매치 등 더러운 물도 잘 견디는 물고기들이 산다. 낚시터로 이용하는 강 하류가 여기에 속한다.

하구

민물과 바닷물이 섞이는 곳이다. 퇴적물이 쌓여 갯벌 같은 환경이 만들어지며, 민물과 바닷물에 모두 적응한 물고기들이 산다. 검정망둑, 풀망둑, 숭어, 말뚝망둑 등이 대표적이다.

무엇을 관찰하나?

냇물에 사는 생물들

　흐르는 물에는 실로 다양한 생물이 깃들어 산다. 일단 관찰하기에 재미있는 것은 꼬물꼬물 살아 움직이는 동물들이다. 물속 생활을 대표하는 민물고기들부터 그보다 훨씬 다양하고 많은 물속곤충들, 물과 뭍을 오가며 사는 양서류, 가재와 옆새우 같은 갑각류, 조개와 다슬기, 물달팽이 종류로 대표되는 연체동물이 있다. 그밖에 플라나리아, 거머리, 연가시 같이 생김새와 생태가 익숙하지 않은 편형동물[1]·환형동물[2]·선형동물[3]들이 다양하게 얽혀 살아간다.

　물속과 그 주변에 식물도 산다. 식물은 연못이나 늪처럼 고인 물에 사는 종류와 계곡과 냇물처럼 흐르는 물에 사는 종류가 다르다. 고인 물에서는 물속에 뿌리를 내리고 사는 식물(침수식물)이나 물위에 떠서 살아가는 식물(부유성 식물)을 다양하게 볼 수 있지만, 흐르는 물에서는 축축한 땅에서 잘 자라는 물가식물들을 주로 볼 수 있다. 냇가에 많이 자라는 갯버들이나 물억새, 계곡 옆 돌 틈에서 꽃을 피우는 물봉선이나 돌단풍 등이 대표적인 예다. 좀 더 시야를 넓히면 깊은 산 계곡 주변에서 키 작은 음지나무[4]들을 관찰해도 좋으며, 물속 돌이나 바위에 붙어 광합성[5]을 하며 양분을 얻는 원생생물인 부착조류(흔히 물이끼라고 부른다)도 있다.

　이렇듯 다양한 물속생물들은 서로 먹고 먹히는 관계로 연결되어 하나의 완성된 생태계를 이룬다. 물속에서 최상위 포식자는 단연 물고기다. 민물고기들은 물에 떠다니는 작은 플랑크톤[6]부터 녹조류들, 개구리 알, 작은 곤충과 동물 사체 등을 먹고 자라며 자기보다 작은 물고기를 잡아먹기도 한다. 개구리와 도롱뇽은 알에서 무사히 깨어나면 부식질[7]을 먹거나 작은 물속곤충들을 노리는 포식자가 된다. 물속곤충은 평생 물속에서 사는 종류와 애벌레 시절만 물속에서 보내는 종류가 있다. 그 중에는 어른벌레, 애벌레를 가리지 않고 물고기 알이나 올챙이 등을 잡아먹는 동물성 포식자도 있고, 대부분은 1차 소비자[8]이거나 물속 부식질을 갉아먹는 분해자[9]로서 물을 깨끗하게 만드는 데 공헌한다. 맑은 계곡에 사는 플라나리아와 옆새우도 대표적인 물속 분해자로 꼽힌다. 이밖에 광합성을 하는 식물성 플랑크톤과 같은 조류(藻類)[10]는 하천생태계의 1차 생산자[11]로서 다양한 물속생물들에게 유용한 양분과 산소를 제공한다.

1 무척추동물의 한 종류로 몸이 납작해 배와 등이 붙어 보인다.
2 무척추동물의 한 종류로 가늘고 긴 몸에 마디가 있다.
3 무척추동물의 한 종류로 원통형 몸이 실처럼 가늘다.
4 그늘에서도 잘 자라고 번식할 수 있는 나무. 음수(陰樹) 혹은 음수성 나무라고도 한다.
5 녹색 식물이 빛 에너지를 이용해 이산화탄소와 물로 유기물을 합성하는 과정
6 물에 떠다니는 미세생물. 아주 작아서 수영을 하지 못하고, 대부분 사람 눈으로 알아볼 수 없다.
7 낙엽이나 나뭇가지 등 식물 조각이나 동물 사체 등이 완전히 분해되기 전 단계로 영양분이 남아 있는 상태
8,9,11 생태계를 이루는 3요소. 생산자는 광합성을 통해 양분을 만들고, 소비자는 생산자가 만든 양분과 자신보다 하위 소비자를 먹고 성장하며, 분해자는 생물의 사체나 배설물 등을 먹어 분해하는 역할을 한다.
10 규조류, 녹조류 등과 같은 원생생물들을 일컫는 하등생물

흐르는 물에 사는 생물들

물속에는 민물고기나 양서류 외에 너무 작아 발견하기 어려운 물속곤충들, 그리고 육안으로는 절대 볼 수 없는 플랑크톤들까지 다양한 생물이 함께 살아간다. 눈에 다 보이지는 않아도 각각의 역할과 관계를 큰 그림으로 이해하면 훨씬 재미있게 관찰할 수 있다.

민물고기

물속 생태계를 대표하는 최상위 포식자. 하천 형태에 따라 사는 종류가 달라 지표생물 역할을 하기도 한다. 동해, 서해, 남해로 흐르는 물줄기 또는 한강, 낙동강 등 특정한 수계[1]에서 사는 종류도 있다. 다른 물속생물들에 비해 크고 대부분 육안으로 구분할 수 있어 관찰하기 쉽다.

양서류

물과 뭍을 오가며 사는 개구리와 도롱뇽이 몇 종 있다. 물살이 빠른 곳보다는 하천 가장자리에 물이 고인 곳에서 생활하며, 날쌘 성체[2]보다는 알이나 올챙이를 관찰하기가 더 쉽다.

물속곤충

일생의 전부 혹은 일정 기간을 물에서 생활한다. 산간계류처럼 깨끗하고 물살이 센 곳에만 사는 종류도 있으나 좀 오염되고 물이 고인 곳을 좋아하는 곤충들도 많다. 날도래와 강도래, 하루살이, 잠자리, 노린재 무리에서 다양하게 찾아볼 수 있다.

갑각류

아주 맑은 계류에서 볼 수 있는 가재, 몸을 옆으로 눕혀 기어 다니는 옆새우 등이 있다.

연체동물

돌 위를 기어 다니며 물이끼를 먹고 사는 다슬기, 모래나 진흙 바닥에 사는 민물조개류가 있다.

기타 동물

맑은 물에서 낙엽이나 동물 사체[3]를 먹어 분해하는 플라나리아, 지렁이처럼 신축성이 좋은 거머리, '철사벌레'라고도 부르는 연가시 등이 있다.

물가식물

흐르는 물 주변의 습기 있는 땅을 좋아하는 식물이 많다. 갯버들, 물억새, 물봉선, 돌단풍 등이 대표적이다.

부착조류

규조류, 남조류 등 다양한 종류가 있으며 흔히 냇물 바닥이나 돌 위에 붙어 산다.

식물성 플랑크톤

물속을 떠다니며 스스로 광합성 하는 단세포 조류로, 너무 작아서 눈으로는 알아볼 수 없지만 물속 생태계를 완성하는 1차 생산자다.

1 같은 물줄기를 이루는 계통
2 다 자란 동물
3 죽은 몸뚱이

언제 어디로 갈까?

냇물 정하기와 관찰 시기

　'고기를 잡으러 강으로 갈까나~.' 하고 부르던 노래가 있다. 그런데 언제, 어디로 갈까? 엄마 아빠가 꼬마이던 시절에는 꽁꽁 언 겨울만 아니면 언제라도 이 노래를 부르며 마을 개울로 달려갔지만 오늘날 도시화된 마을들은 자연 하천을 대부분 잃어버리고 경관 좋게 꾸며진 인공 하천들을 접하고 산다. 하지만 도심에서 조금만 벗어나 강줄기를 따라 달리면 여전히 2급수 이상의 맑은 냇물을 쉽게 찾을 수 있다. 눈으로 봐서 속이 비칠 정도의 맑음을 유지하면 되고, 물이 어른 무릎을 넘지 않아 어린이들도 자유롭게 드나들 수 있는 곳이면 적당하다.

　냇물 관찰은 겨울만 아니면 언제라도 좋다. 얼었던 계곡이 녹고 난 봄에는 막 활동을 시작한 물고기들과 개구리, 도롱뇽 알, 물속생물들을 찾아보기에 좋다. 봄에서 여름으로 넘어가는 4~7월은 날씨로나 냇물 생태로나 가장 볼 것이 많지만 민물고기들이 알을 낳는 시기여서 물속 환경을 해치지 않도록 특히 조심해야 한다. 번식기[1]에 혼인색[2]을 띤 물고기들(대부분 수컷들이 혼인색을 띤다), 올챙이 시절을 끝내고 처음 뭍에 오르는 산개구리들, 수초나 물가 바위에서 어른벌레로 탈바꿈하는 곤충들, 초록 잎이 무성하고 꽃도 핀 물가식물들을 만날 수 있다. 한편, 물놀이 여행객들이 너도나도 계곡을 찾는 한여름에는 물속생물과 그들의 생태[3]를 여유롭게 관찰하기가 어렵다. 계곡에 사람이 많으면 물고기들도 약아져서 더 날쌔게 움직이며 잘도 숨는다. 하지만 피서객 무리에 끼어 물속에 첨벙 몸을 담그고 스노클링[4]으로 물속세상을 구경해 보는 것도 재미있다.

특정 시기나 한정된 냇물에만 사는 물고기를 관찰하고 싶다면 나타나는 때와 장소를 기억해 두어야 한다. 우리나라에는 비슷한 환경이라면 전국 어디에나 사는 쉬리, 꺽지, 피라미 같은 민물고기도 있지만 서해와 남해, 동해로 흐르는 물줄기 중에 특별한 곳만 선택해 사는 물고기도 있다. 또 연어나 황어, 은어처럼 민물과 바다를 오가며 살아 민물에 나타나는 때가 한정된 물고기도 있다. 한편, 워낙에 비슷하게 생겨서 구분하기는 힘들지만 지역별로 종⁵이 다른 경우도 있다. 우리나라 중부권 계곡에는 도롱뇽이 사는데 남쪽에는 비슷하게 생긴 고리도롱뇽, 제주도롱뇽이 산다. 또, 계곡이 더 깊은 곳에는 계곡산개구리가, 덜 깊은 곳에는 북방산개구리가 산다지만 생김새가 매우 비슷하다. 냇물을 탐사할 때는 이런 종 구분보다는 좀 더 큰 그림으로 냇물 환경을 파악하고 다양한 방법으로 생물을 찾아내는 데 집중하는 것이 훨씬 재미있고 유익하다.

1 동물이 새끼를 치는 시기
2 동물의 번식기에만 나타나는 몸빛. 주로 물고기와 양서·파충류에서 볼 수 있다.
3 생물이 살아가는 모습이나 상태
4 간단한 물속호흡 장치를 끼고 수중 관찰을 즐기는 레포츠의 일종
5 종(種, Species). 생물 분류의 가장 하위 개념으로, 서로 짝짓기 할 수 있는 종류를 말한다. 인간도 동물계에 속하는 하나의 종일 뿐이다.

준비물 챙기기

냇물 탐사 도구와 사용법

물속에 사는 생물을 물 밖에서 눈으로만 관찰하기에는 한계가 있다. 무엇을 이용하든, 일단 건져서 보아야 한다. 가장 쓸모가 있는 것은 반두(족대)다. 또 작은 생물을 꼼꼼히 관찰하기에는 뜰채가 최고다. 채 구멍이 큰 것과 작은 것을 따로 준비하면 좋다. 물론 맨손잡이도 가능하지만 도망치는 생물을 쫓아다니다 보면 금방 지친다.

잡은 물고기나 작은 생물들을 관찰할 용기도 필요하다. 다른 곳에서 구하려 하지 말고 집에서 쓰는 다양한 크기의 반찬통과 투명한 그릇, 양념통, 지퍼백 등을 모아 보면 의외로 쓸모 있는 것들이 많다. 김치나 야채를 담아 놓는 큰 통은 어항 대신에, 지퍼백은 막 잡은 물고기를 담아 손에 쥘 때, 작은 양념통이나 칸막이가 있는 얼음 용기 등은 작은 물속곤충들을 분류해 담을 때 쓰면 아주 좋다.

기록을 위해 수첩과 필기구, 카메라도 꼭 챙기자. 여기에 줄자를 하나 가지고 다니면 생물들의 크기나 냇물의 깊이와 폭 등을 잴 때 유용하다. 현장에서 궁금한 생물 이름을 찾아보고 싶다면? 이 책 한 권을 가방에 넣어 가면 딱이다.

준비물 챙기기 25

반두 흔히 '족대'라고 하며, 낚시가게에서 쉽게 구할 수 있다. 물고기 채집에 가장 많이 쓰이며, 주로 흐르는 계곡이나 냇물 등에서 돌 아래에 숨어 있는 물고기들을 몰아 잡을 때 쓴다. 물속곤충들도 덩달아 걸려들 때가 많다. 능숙한 사람들은 혼자서도 곧잘 사용하지만 2인 1조를 짜서 한 명은 반두를 벌려서 대고 한 명은 돌을 들썩이면 좋다.

뜰채 물에 들어가지 않고 가장자리에서 채집할 때 좋다. 주로 웅덩이처럼 좁고 얕은 곳, 물풀 아래 등을 훑을 때 편리하다. 물속곤충을 채집하기 위해 모래 바닥을 쓸어 담을 때도 편하다.
모래는 빠져나가고 생물만 걸러져서 찾기 편하다.

손잡이가 긴 뜰채 깊은 물속 바닥을 훑을 때 쓴다. 잡은 물고기를 물에 담가둘 때도 편하다.

조리 좁은 공간에서 꼼꼼히 관찰할 때 쓰면 좋다. 플라스틱 제품이라 무게도 가벼워 어린이가 쓰기에 가장 좋은 관찰 도구다.

플라스틱 통 냇물 가장자리에 물을 채워서 두고 잡은 물고기를 넣어 관찰한다. 어항 대신이라고 생각하면 된다.

납작한 투명 용기 물고기나 곤충을 한 마리씩 관찰하고 촬영하기에 좋다.

지퍼백 물고기를 잡은 자리에서 바로 담기에 편하다. 한 마리씩 잡을 때마다 어항에 계속 오가지 않아도 되고, 투명한 비닐을 통해 관찰하기도 좋다.

작은 채집통들 낱개로 된 투명 용기들은 하루살이나 날도래, 강도래 애벌레, 거머리, 다슬기, 플라나리아, 옆새우 같은 작은 생물을 담기에 좋다. 또 서로 잡아먹을 수 있는 생물들을 분리해서 담아두거나, 현장에서 이름을 확인하지 못한 샘플을 가져올 때도 편하다.

줄자 물의 깊이나 폭, 물고기 몸길이 등을 잴 때 쓴다. 쓰고 난 후 바로 물기를 닦아 보관해야 녹슬지 않고 오래 쓸 수 있다.

관찰기록장 또는 수첩 냇물에서 관찰한 생물들을 모두 기록한다. 날짜와 장소, 발견한 곳의 물 깊이와 폭, 물의 양과 세기, 바닥의 상태 등 다양한 환경을 꼼꼼히 기록하면 생태 및 수질 연구 등에도 좋은 자료가 된다. 나중에 다른 지역에서 관찰한 생물들과 비교하며 차이를 알아볼 수도 있다.

카메라 생물 탐사에서 가장 중요한 자료는 사진이다. 이름 모르는 생물들을 나중에 도감에서 찾아 확인할 때도 꼭 필요하다.

도감 관찰한 생물을 현장에서 찾아볼 때 요긴하다.

깊은 곳에 들어갈때는 등 뒤로 산소통까지 맨다.

입으로 숨을 쉴 수 있는 장비

방수 케이스를 씌운 카메라

잠수복

물속에서 몸이 뜨지 말라고 허리에 차는 추

이렇게 관찰해요

전문가 노하우 따라잡기

　냇물 관찰에도 노하우가 있다. 물고기와 곤충, 다양한 생물마다 제각각 살아가는 모습과 좋아하는 환경이 다르기 때문에 다양한 방법으로 여러 곳을 꼼꼼히 뒤져 살펴봐야 한다. 같은 물줄기라도 위치에 따라 사는 생물이 다르므로 상류와 중류, 혹은 여울과 소 등 두 곳 이상을 정해 각각 다른 환경에 사는 생물종을 비교 관찰하면 유익하다. 현장에서 꼼꼼히 정리한 관찰일지는 그 자체로 멋진 체험학습 보고서가 된다.

같은 물줄기, 다른 포인트 비교하기

　발원지[1]에서 막 흘러나온 계곡물과 이들이 모여서 더 커진 상류, 그리고 마을을 지나며 생활하수들이 유입된 중·하류는 분명 차이가 있다. 바로 마셔도 탈이 없는 1급수도 있고, 1급수와 2급수의 경계에 놓인 곳도 있다. 1급수와 확연히 구분되는 2급수는 하천 중류 혹은 중하류쯤에 해당한다. 생활하수가 많이 유입되고 도심을 지나는 강의 하류쯤에 이르면 3급수가 되고, 눈으로 보아도 심각할 정도로 더러운 물은 4급수다.

　물의 깨끗한 정도에 따라 그곳에 살고 있는 생물이 다르리라는 것은 쉽게 짐작할 수 있다. 옆새우, 꼬리치레도롱뇽, 산천어, 가재처럼 1급수에만 사는 종이 있는가 하면, 피라미, 참다슬기처럼 2급수가 시작되면서 발견되는 종도 있다. 잠자리와 하루살이, 날도래, 강도래 무리는 수질에 따라 사는 종이 다른 경우도 있고, 1급수와 2급수 어디서든 잘 사는 종도 있다.

탐사할 장소를 정하면 같은 물줄기에서 산간계류, 상류, 중·하류성 형태를 보이는 세 곳에 관찰 포인트를 정하고 각각 관찰한 생물 목록을 만들어 보자. 한 곳에서만 발견되는 종도 있고 두 곳 이상 겹치는 종도 있을 것이다. 또, 물속의 돌에 물이끼가 생기기 시작하는 지점, 생물종이 눈에 띄게 다양해지는 지점도 있다. 물속생물들은 깊은 산 맑은 물을 좋아할 것 같지만 실제로는 적당히 부영양화[2]된 중상류에 훨씬 다양한 종이 수적으로도 많이 모여 살고 있다.

같은 물줄기에서 산간계류, 상류, 중·하류(왼쪽부터) 한 곳씩 관찰한 후 각각의 생물 목록을 만들어 보자.

1 물줄기가 시작되는 곳
2 물에 영양분이 과잉 공급된 상태. 심하면 녹조류가 과다 발생해 오히려 물을 썩게 하지만 적당한 부영양화는 많은 생물들에게 충분한 먹이를 주고, 생태계 스스로 자정능력을 발휘하게 한다.

관찰일지 작성하기

　무조건 물속에 들어가는 것보다는 순서를 정해 하나둘 체크하며 관찰하는 것이 나중에 자료로 남길 때 훨씬 도움 된다. 전문가처럼 꼼꼼하게는 아니어도, 눈으로 보고 간단한 도구를 이용해 체크할 수 있는 하천환경 조사부터 시작해 채집한 생물들을 일일이 적어서 기록해 보자. 미래 생물학자를 꿈꾸는 아이들에게 물놀이 이상의 멋진 경험을 선사하게 될 것이다.

채집 전

하천 유형을 체크해요!

하천 유형	산간계류, 상류, 중상류, 중류, 중하류, 하류, 하구 중에 어디에 속하는가.
하천 폭과 깊이	두 사람이 줄자를 잡고서 잰다. 폭을 잴 때는 하천 전체의 폭(하폭)과 실제로 물이 흐르는 구간의 폭(수폭)을 따로 잰다.
수량	물의 양을 눈으로 가늠해서 적음, 보통, 많음 등으로 적는다.
유속[1]	매우 빠름, 빠름, 느림, 정체 등으로 적는다. 여기서 재미있는 방법 하나. 물 위에서 줄자를 잡아 고정한 뒤 옆으로 페트병이 흘러가도록 해 디지털카메라로 연속 촬영함으로써 유속을 추론해낼 수 있다. 속도는 거리/시간이므로 사진정보에 담긴 시간과 사진에 찍힌 거리를 분석하면 되는데, 의외로 정확도가 높다!
물의 맑기	매우 맑음, 맑음, 보통, 탁함, 매우 탁함 등으로 기록한다.
수온	온도계로 잰다.

하천 바닥 구조	물고기 생태에 직접적으로 영향을 미치는 조건이어서 매우 중요하다. 눈으로 살펴보고 큰 돌, 돌, 자갈, 잔자갈, 모래, 진흙 등의 비율을 퍼센트로 표시하면 좋다.
주변 환경	눈에 띄는 식물, 댐이나 보[2] 등의 인공 시설물, 그리고 논밭, 마을, 유원지, 공장 등의 오염원이 가까이에 있는지 등을 살펴보고 적는다.

생물의 특징을 관찰해서 적어요!

이름 찾기	물속에는 워낙 다양한 생물이 살고 생김새가 독특한 것도 많다. 생물을 채집하면 일단 투명 용기에 옮겨서 생김새를 관찰하고, 도감을 뒤져 이름을 찾아준다.
크기 재기	물고기라면 입에서 꼬리지느러미까지의 길이(전장), 그리고 꼬리지느러미를 뺀 몸길이(체장)를 따로 잰다. 살아 움직여서 재기 어려우면 옆에 손가락을 대보는 등의 방법으로 대강 파악해도 된다. **몸자 활용하기** : 나의 손가락 길이, 손바닥 길이, 팔꿈치까지의 길이 등을 미리 알아두면 현장에서 생물을 관찰해 기록할 때 무척 유용하다.
개체수 적기	같은 종이 몇 마리씩 잡혔는지 적는다.
특징 기록하기	물고기라면 몸이나 지느러미, 입 모양에 나타나는 특징, 곤충이라면 몸통, 다리, 꼬리 부분에 나타나는 특징, 조개나 다슬기라면 패각의 질감이나 줄무늬 등을 보이는 대로 기록한다. 간단하게라도 그림으로 묘사하는 것이 더욱 효과적일 때도 있다.
사진 찍기	생물 이름을 모를 때는 전체부터 각 부위로 세분화하며 다양한 모습을 찍어두는 것이 좋다. 생물 이름을 결정짓는 동정[3] 포인트는 뜻밖에도 미세한 부위에 숨어 있는 경우가 많다.

1. 물이 흐르는 속도
2. 둑을 쌓아 냇물을 막고 담아두는 곳. 논에 물을 대기 위한 수리시설이다.
3. 생물분류학 상의 소속이나 명칭을 바르게 정하는 일

다양한 환경 살펴보기

물속생물들은 저마다 좋아하는 공간이 따로 있다. 물살이 센 여울을 좋아하는 물고기가 있는가 하면 소에서 헤엄치고 놀기를 좋아하는 것도 있고, 물풀 주변이나 돌 틈에 숨어서 지내는 녀석들도 있다. 곤충을 포함해 냇물 바닥에서 살아가는 다양한 저서생물[1]들도 바닥의 구조, 물살의 세기, 수질 및 주변의 식생[2] 등에 따라 사는 종류가 달라진다. 그러므로 가능하면 물속과 주변의 여러 환경을 빈틈없이 살펴보는 것이 좀 더 폭넓게 물속생물을 탐구하는 방법이다.

1. 바다나 강 등의 밑바닥에 주로 머물며, 그 속에 파고들거나 표면에 붙어서 사는 생물
2. 일정한 장소에 모여 사는 특유의 식물 집단

물살이 센 여울에서 반두질하기 민물고기를 가장 쉽게 잡는 방법이다. 큰 돌이나 바위 밑에 반두를 펼쳐서 자리를 잡은 다음 돌을 들썩이며 순식간에 낚아 올린다. 물고기만 잡힐 것 같지만 강도래나 잠자리 애벌레 등 냇물 바닥에 사는 물속곤충들도 곧잘 걸려든다. 특히 물살이 센 돌 틈은 야행성 물고기들이 낮에 숨어 있는 공간이기도 해서 생각보다 다양한 생물을 만날 수 있다.

물풀 주변 훑어 살피기 계곡이나 냇물 가장자리에 물풀이 무성하고 나뭇잎이 많이 쌓인 곳은 척 봐도 작은 생물들이 몸을 숨기기 좋게 생겼다. 물풀 밑에 반두를 넣어 채집하거나 그냥 뜰채로 나뭇잎과 함께 떠 봐도 꽤 많은 생물들이 걸려 올라온다. 물풀 줄기에 달라붙어 지내는 물자라, 장구애비, 물잠자리 등은 물론이고 물살이 느린 곳을 좋아하는 물고기들도 만날 수 있다.

물 가장자리 모래톱 파 보기
굽이굽이 곡선을 그리며 흘러가는 냇물 주변에는 모래 퇴적물이 쌓인 곳이 있다. 물이 흐르지 않아 아무것도 없을 것 같지만 뜰채로 파서 모래를 걸러내면 하루살이 애벌레가 곧잘 나온다.

돌 뒤집기
계곡에서는 물살이 맴돌다 빠져 나가는 가장자리에서 돌 몇 개만 들춰도 다양한 생물을 만날 수 있다. 날도래 집이 여기저기에 붙어 있고, 돌 틈에 플라나리아나 옆새우가 숨어 있다. 물이 고여 잘 흐르지 않는 안쪽은 나뭇잎이나 돌 밑에 산개구리나 도롱뇽 알이 붙어 있기 일쑤다. 상류에서는 돌에 붙어 사는 다슬기 종류, 물달팽이, 돌거머리 등을 만날 수 있고, 다양한 치어(어린 물고기)가 오간다.

냇물 주변 환경 둘러보기
냇물 주변 물이 고인 곳에는 올챙이들이 바글바글 모여서 자란다. 성체가 된 개구리나 도롱뇽들은 물속보다는 수풀 뒤의 축축하고 그늘진 곳, 몸을 숨길 데가 많은 계곡가로 올라가서 산다.

1 동식물, 지형지물, 경관 등 자연유산 가운데 특별한 가치가 있어 법률로 지정해 보호하고 있는 것
2 개체수가 심각하게 줄어들어 절멸할 위험에 처한 생물종. 우리나라는 환경부에서 멸종위기야생동식물 Ⅰ·Ⅱ급을 지정, 보호하고 있다.

관찰 및 채집을 하며 지켜야 할 매너

1. 국립공원이나 습지보호구역 등 정부와 지자체에서 지정, 보호하고 있는 곳에는 함부로 들어가지 마세요. 천연기념물[1], 멸종위기종[2]으로 지정된 생물의 채집도 법으로 엄격히 금지되어 있습니다.
2. 생물 관찰을 위해 뒤집은 돌은 꼭 원래대로 돌려놓으세요. 아무렇게나 두면 돌에 붙어 있던 생물들이 햇볕에 말라 죽을지도 몰라요.
3. 물속생물을 만지려면 손을 냇물에 적신 다음에 잡고, 되도록 빨리 놓아 주세요. 물속생물들은 물과 체온을 비슷하게 유지하기 때문에 따뜻한 사람 손에 닿으면 스트레스를 받아요.
4. 민물고기들의 번식기에는 되도록 물속 탐사를 하지 마세요. 물고기들이 무척 예민해지는 데다 물속에 낳은 알들이 망가질 수 있어요.
5. 냇물 바닥을 너무 깊이 파헤치지 마세요. 많은 생물들이 쉬고, 먹고, 알을 낳아 기르는 공간이랍니다.
6. 잡은 물고기는 꼭 살려 주세요. 어항에 물을 받아 관찰하다가 빨리 놓아주면 잘 살아갈 수 있어요.

실전1 계곡 관찰하기

산길을 오르다가 반갑게 마주치는 계곡.
바위에 앉아서 쉴 때 물가의 작은 돌멩이를 들춰 보세요.
계곡을 깨끗하게 만들어 주는 환경미화원 생물들이
바닥에 바글바글해요.

물의 여행이 시작되는 곳,
산간계류 이야기

숲이 울창한 산은 비와 눈을 스펀지처럼 머금었다가 천천히 흘려보낸다. 산의 약한 지형을 뚫고 솟아나는 샘물은 말하자면 냇물의 시작점이다. 강의 발원지를 이야기할 때도 흔히 강 하구로부터 가장 멀리 있는 샘물을 꼽는다. 산골짜기를 흘러내린 샘물이 다른 샘물과 만나 하나의 물줄기를 이루고, 여기에 산비탈을 뚫고 나오는 지하수[1], 능선을 타고 내린 빗물 등이 더해져 제법 계곡다운 모습을 갖추어 간다.

계곡은 바닥이 암반과 큰 돌로 이루어진 산골짜기를 따라 흐른다. 산 경사면을 따라 흐르므로 물살이 매우 급한 편이고, 숲이 울창해 골짜기 안쪽까지 햇빛이 잘 닿지 않으므로 한여름에도 수온 20도 밑을 유지할 정도로 차다. 울창한 숲과 바닥의 이끼 층, 식물 뿌리 등을 통과하면서 오염 물질을 걸러낸 계곡물은 최상의 청정함을 자랑하는 1급수다.

산간계류 환경에는 수적으로 다양한 생물은 아니지만 특별히 찬물을 좋아하는 생물들이 모여 산다. 흔히 1급수 지표종이라고 알려져 있는 열목어와 가재, 옆새우 등은 물이 맑아서라기보다 차기 때문에 이런 환경을 선택한다. 큰키나무들 때문에 햇빛이 차단되고 계곡물에서 찬 기운이 올라와 서늘함을 늘 유지하는 이런 환경은 음지식물의 낙원이기도 하다.

---

1 지표면 밑을 흐르는 물

이런 바위 지대는
개구리들이 몸을 숨기며
돌아다니기에 좋은 공간이다.

바닥은 암반과
큰 돌로 이루어져 있으며,
물속에는 이끼가 거의 없고
바위 겉면에
선태식물이 자란다.

계류의 왕자, 냉수성 물고기들

수온이 낮은 최상류 계곡에서 살 수 있는 물고기는 그리 많지 않다. 둑중개나 금강모치, 연준모치, 열목어, 산천어 정도. 이들은 찬물을 좋아하는 북방계 냉수성 물고기들로 빙하기에 우리나라까지 내려왔다. 과거 기온이 더 낮았을 때는 좀 더 하류까지 퍼져 살았을 것으로 추측되나 지금은 전국에 얼마 남아 있지 않은 계곡 최상류에서 겨우 살아가고 있다. 이들은 주로 계곡 바닥의 돌 밑에 숨어 사는 다양한 물속곤충, 혹은 숲에서 떨어진 육상곤충들을 먹는다. 오랫동안 특수한 물 환경에 적응해 왔기 때문에 변화에 민감하고 적응력이 떨어지는 편이며, 특히 수온이 높은 곳으로 옮기면 살 수 없다. 이렇게 한정된 곳에서만 살기 때문에 환경 변화에 민감해 물 환경이 조금만 바뀌어도 개체수가 갑자기 줄기도 한다.

열목어 대표적인 냉수성 물고기로, 차고 맑고 바닥에 물이끼조차 없는 계곡 최상류에서만 산다.

돌 밑에 반두를 넣어 물고기를 채집한다.

투명한 용기에 넣어 물고기를 관찰한다. 사진은 1급수에도 사는 버들치로, 환경 적응력이 뛰어나 수량이 부족할 때는 더 낮고 더러운 물로도 이동한다.

최상류 계류는 한여름에도 20도를 넘지 않는다.

둑중개 수온이 아주 낮은 곳에만 살며, 물살이 센 여울 돌 밑에 숨어 있다가 곤충을 잡아먹는다.

계곡을 맑게 하는 생물들

깊은 산 계곡이라고 오염원이 전혀 없는 것은 아니다. 언제나 빗물과 토사가 흘러들고, 물에 떨어진 나뭇잎이나 동물 사체 등이 썩어서 물을 더럽힌다. 이런 것들을 분해해 계곡을 늘 맑게 유지하는 동물이 있다. 옆새우와 플라나리아, 그리고 강도래, 날도래, 하루살이 등의 곤충 애벌레가 대표적이다. '계곡의 청소부'라고 불리는 이들은 물에 떨어진 나뭇잎이 썩기 시작하면 갉아먹어 물이 오염되는 것을 막고, 가재, 물고기, 도롱뇽 등 더 큰 동물의 먹이가 된다. 계곡 바닥의 돌을 들추면 이런 작은 생물들이 꿈틀거리는 모습을 언제나 볼 수 있다. 작은 일꾼들이 계곡물을 맑게 하면서 동시에 상위 포식자의 먹이가 되려면 수가 월등히 많아야 한다. 이들이 없다면 계곡은 온통 낙엽 쓰레기로 뒤덮일 것이다.

곤충을 비롯한 작은 동물들은 칸막이가 있는 그릇에 넣고 관찰하면 편하다.

계곡 바닥을 뜰채로 떠서 꿈틀거리는 작은 생물들을 찾는다.

띠무늬우묵날도래 물속 돌이나 계곡 바닥을 기어 다니는 것을 쉽게 볼 수 있다.

플라나리아 환경변화에 매우 민감한 생물로 깨끗한 계곡에서 산다. 몸이 반으로 잘리면 각각 재생해 두 마리가 된다.

옆새우 민물이나 바다에 사는데, 민물에서는 깊은 계곡이나 동굴에서 주로 발견된다.

계곡에 사는
개구리와 도롱뇽

양서류 중에도 맑은 계곡에만 사는 종류가 있다. 낮은 계곡에서는 북방산개구리와 도롱뇽이, 높고 깊은 계곡에서는 계곡산개구리와 꼬리치레도롱뇽, 물두꺼비가 산다. 산란기[1]를 지난 4~5월에는 알과 올챙이, 성체의 모습을 모두 볼 가능성이 높다. 특히 흐르는 물의 바닥이나 돌 등에 알을 붙여 낳는 꼬리치레도롱뇽은 1급수 지표종으로 손꼽힌다. 계곡산개구리도 다른 산개구리들에 비해 맑은 계곡에서 볼 수 있으며 흐르는 물 바닥에 알을 붙여 낳는다. 작고 동글동글한 알들이 덩어리로 뭉쳐 있으면 개구리 알, 길고 투명한 튜브 형태에 검은 알들이 콕콕 박혀 있으면 도롱뇽 알이다. 성체는 계곡 가장자리 돌틈에 숨어 있다가 재빠르게 도망친다.

1 동물이 알을 낳는 시기

계곡산개구리 초여름에 막 뭍에 오른 모습이다. 높고 깊은 산속 계곡에만 산다.

꼬리치레도롱뇽 1급수에만 사는 지표종이다.

도롱뇽들은 계곡 가장자리 물이 자작한 곳의 돌 틈에 숨어 있다.

도롱뇽 알 튜브형 알 덩어리를 돌에 붙여 놓는다.

계곡산개구리 알 흐르는 물 바닥이나 낙엽 등에 낳아 붙인다.

실전1_ 계곡 관찰하기　47

그늘에서도 잘 자라는 음지식물들

계곡 최상류는 수온이 낮고 유기물[1]이 적으며 햇빛도 부족해서 물속 바위에 물이끼도 끼지 않는다. 햇빛이 부족해 지상에도 식물이 잘 살지 못할 것 같지만 차고 습한 곳을 좋아하는 음지식물이 자란다. 계곡 주변이나 물 위로 드러난 바위에는 이끼류인 선태식물[2]이 많이 붙어 있으며, 그늘에서도 잘 자라는 양치식물[3]들, 키 작은 음지나무들이 자란다. 특히 이른 봄에 꽃을 피우는 풀들 중에는 서늘한 계곡 옆에서 자라는 종류가 많다. 적은 양의 햇빛으로도 살아갈 수 있는 이들 음지식물들은 가능한 한 몸집을 줄이고 잎을 넓고 얇게 만들어 광합성 효율을 극대화하는 전략을 쓴다. 또한 이런 식물들은 계곡에 흘러드는 빗물에서 오염 물질을 걸러내는 정화 필터 역할을 함으로써 물을 맑게 하는 데 공헌한다.

계곡 주변 그늘진 곳에서 최소한의 빛으로 살아가는 당단풍나무. 단풍나무들은 대표적인 음지식물이다.

물속은 깨끗해서 이끼가 끼지 않아도 물 위로 드러난 바위에는 음지에 강한 선태식물이 자란다.

나무나 바위틈에서 일엽초 같은 양치식물이 자라기도 한다.

금괭이눈 이른 봄에 꽃이 피는 풀들은 대부분 깊고 서늘한 계곡 옆에서 자란다.

돌단풍 계곡 옆 바위틈에서 주로 자라며, 봄에 꽃을 피운다.

1 살아있는 생물에 의해 만들어지는 물질
2 육상 생활에 처음 적응한 하등식물 형태로, 선태식물문(門)으로 구분하며 '이끼식물'이라고도 부른다.
3 선태식물보다 한 단계 진화한 형태지만 꽃이 피지 않고 홀씨로 번식하는 하등식물이다. 역시 문(門)으로 구분하며, 고사리 종류가 여기에 속한다.

실전 2 상류 냇물 관찰하기

물도 맑고 환경도 다채로운 상류 냇물은 민물고기를 관찰하기에 좋아요.
수영장 같은 소에 물안경을 끼고 들어가면 수족관처럼 재미있는
물속 세상도 펼쳐진답니다.

마을과 만나기 직전,
상류하천 이야기

　산 아래로 내려온 물줄기는 마을과 만나기 전, 다른 골짜기들에서 흘러 내려온 물줄기들과 만나 더 큰 물줄기를 이룬다. 아랫마을로 향하면서 경사는 완만해지지만 물살은 아직 빠르다. 바닥은 주로 큰돌과 자갈로 이루어져 있으며, 물살이 굽이도는 구간마다 여울과 소가 반복적으로 나타난다. 사람들은 무더운 여름날에 보통 이런 곳을 찾아 굽이치는 여울에 발을 담그고 얕은 소에서 아이들이 놀게 한다. 이런 단계의 냇물을 '상류하천'이라고 한다.

　본격적으로 마을을 만나기 전이라 물은 바닥이 보일 만큼 깨끗하다. 주변에 오염원도 거의 없어 사람들이 많이 찾는 계절에도 보통 2급수 이상을 유지한다. 하지만 하천 폭이 넓어진데다 햇빛에 많이 노출되어 물은 한결 따뜻해진다. 햇살이 반짝반짝 쏟아지는 이런 물에서는 광합성을 하기도 좋아 물속 바위나 돌에 녹조류가 붙어살기 시작하며, 물속 유기물이 부쩍 늘어난다. 물가 자갈밭에도 축축하면서 양지 바른 곳을 좋아하는 물가식물들이 무리 지어 자란다.

　먹을 것이 많으니 계곡에서보다 물속생물도 훨씬 다양하다. 그렇다고 물이 딱 어느 지점부터 달라지는 것은 아니어서 계곡에서 보던 생물이 함께 어울려 사는 구간도 있고, 아래로 내려갈수록 점점 새로운 생물들이 나타나다가 어느새 계곡 생물들은 사라지게 된다. 냇물 폭도 넓고 여울과 소, 모래나 자갈 퇴적층 등 다채로운 환경을 지닌 이런 냇물에서는 채집 및 관찰 방법을 다양하게 시도하면 좋다. 구석구석 살펴볼수록 여러 생물을 만날 확률도 높아진다.

생김새도 사는 모습도
다양한 물고기들

계곡에서 본 냉수성 물고기는 점차 사라진다. 수온이 올라가고 물속에 녹조류가 생기면서 훨씬 다양한 물고기들이 나타난다. 여울을 타며 물살을 즐기는 쉬리와 참갈겨니는 대표적인 상류성 물고기다. 미유기, 퉁가리, 새코미꾸리 등이 자갈 틈에 몸을 숨긴 모습을 볼 수 있다. 물속에 부착조류가 자라는 곳에서부터는 이를 쪼아 먹는 새미, 배가사리 등도 나타난다. 여울 돌 밑에서 반두질을 하면 꺽지, 쉬리, 피라미 몇 마리쯤 손쉽게 잡을 수 있다. 하지만 꺽지와 퉁가리 같은 녀석들은 지느러미 가시가 날카롭고 독이 든 가시도 숨기고 있으므로 아이들이 함부로 만지지 않도록 주의시켜야 한다.

상류 냇물에서는 물고기를 제법 다양하게 잡을 수 있다.

큰돌 주변 여울이 생기는 곳에 물고기들이 많다.

쉬리 대표적인 상류성 물고기다. 여울을 타는 물고기들은 이렇게 날렵한 유선형 몸매를 지녔다.

돌고기 투명 용기에 물고기를 한 마리씩 넣고 관찰하면 좋다.

꺽지 같은 하천에서도 몸 색깔이 다른 것이 잡힌다.

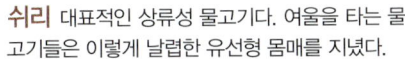

퉁가리 독이 있는 지느러미 가시에 찔리면 피가 많이 나고 매우 아프다.

계곡과 상류 냇물의 경계에 사는 생물들

계곡보다 수온이 올라가고 물도 아직 깨끗한 곳에는 환경 적응력이 좋은 생물들이 다양하게 모여서 산다. 차가운 1급수에만 살던 옆새우, 열목어 등은 더 이상 보이지 않고, 그 대신에 잠자리와 하루살이 같은 곤충 애벌레가 부쩍 늘어난다. 돌 밑을 훑으면 거머리나 다슬기 등도 볼 수 있다. 다른 곤충의 몸속에 기생[1] 해 살다가 다시 물로 돌아오는 연가시는 꼬물꼬물 철사를 뭉쳐 놓은 것 같은 모습이 무척 독특한데, 숙주[2]를 따라다니느라 냇물 상류부터 하류까지 폭넓게 퍼져 살아간다. 계곡과 수질 차이는 그리 크지 않은데도 생물종이 훨씬 다양해지는 것을 보면 물속생물들이 수질보다 물 온도에 더 영향을 받는다는 것을 알 수 있다.

물살이 빠른 여울 밑에서 곧잘 잡히는 한국큰그물강도래

상류 냇물에서는 물 온도가 찬 계곡에서보다 물속 곤충이 눈에 띄게 많다.

연가시 다른 곤충 몸속에서 자라다가 번식기가 되면 빠져나오는 유선형 동물이다.

주름다슬기 수온이 오르고 유기물이 많아지자 돌에 붙어서 부착조류를 먹고사는 다슬기 종류도 나타난다.

돌거머리 논에서 사람 피를 빨아먹는 거머리와는 다른 종류로 비교적 맑은 물에 산다. 거머리 종류는 몸을 자유롭게 늘였다 줄였다 한다.

1 스스로 살지 못하고 다른 생물에 빌붙어서 영양을 얻어 살아가는 것
2 기생생물에게 영양을 공급하는 생물

햇빛을 좋아하는 물가식물들

햇살이 듬뿍 쏟아지는 냇물 상류부터는 식물들에게도 변화가 생긴다. 서늘한 곳을 좋아하는 음지식물보다는 땅이 축축하면서도 양지바른 곳을 좋아하는 식물들이 무지지어 나타난다. 갯버들은 어느 냇물에서나 잘 사는 대표적인 수생식물이다. 잔뿌리가 많은 달뿌리풀이나 물억새 등은 수량이 늘어난 냇물을 정화하는 데 큰 역할을 한다. 특히 냇물 주변에 무성하게 자라는 이런 물풀들은 다양한 생물들이 몸을 숨기고 먹이를 찾는 서식처로 애용하기 때문에 꼭 살펴봐야 한다. 여름에는 고마리, 넓은잎미꾸리낚시, 부처꽃, 물봉선 등 꽃 피는 식물도 찾을 수 있다.

달뿌리풀 냇물 주변에 무리지어 자라며 물을 맑게 정화해 준다.

갯버들 어느 냇물에서나 쉽게 볼 수 있다.

고마리 냇물 주변 자갈이나 모래밭에서 자라며, 여름에 예쁜 꽃도 볼 수 있다.

넓은잎미꾸리낚시 줄기가 갈라지는 마디 부분이 특징적이다.

부처꽃 꽃이 예쁜 부처꽃도 냇물 주변 축축한 땅에 잘 자란다.

얕은 소에서 스노클링하기

물에 사는 생물의 관찰은 사실 물속에 들어가서 해야 더 재미있다. 물살이 여울져 흐르다가 연못처럼 잔잔한 소를 만들기도 하는 상류 냇물에서는 물안경만 끼고 들어가도 눈 앞에서 생생하게 펼쳐지는 민물고기의 삶을 엿볼 수 있다. 여름이라면 아이들 키를 넘지 않는 얕은 소에 스노클링 장비를 끼고 들어가 깨끗한 물속 세상을 구경해 보자. 떼를 지어 물살을 타는 쉬리나, 돌 밑에 알을 낳고 지키는 꺽지, 혹은 꺽지 산란장[1]에 자기 알을 붙이려고 서성대는 돌고기들, 물속 바위에서 부착조류를 쪼아 먹는 물고기 종류를 다양하게 관찰하기 좋다.

상류 냇물은 맑고 깨끗해 물안경을 끼고 들어가 물속 관찰을 하기에 좋다.

스노클링용 장비가 있으면 물속에 더 오래 들어가 있을 수 있다.

바다보다 재미있는 민물 탐사! 물이 깨끗해 민물고기들의 생태를 관찰하기에 적합하다.

깊지 않은 소에 다양한 물고기들이 산다. 사진은 돌고기

물가 돌 틈이나 수풀에서 개구리도 찾아보자. 옴개구리는 오염을 잘 견디기 때문에 우리나라 냇물 어디에서나 볼 수 있다. 건드리면 죽은 척한다.

1 물고기, 양서류 등이 알을 낳는 곳

실전 3 중류 냇물 관찰하기

마을을 지난 냇물은 바다도 보이지 않게 탁해졌어요.
하지만 맑은 물보다 이런 곳에 더 많은 생물이 산답니다.
무성한 수초 주변에서 생물 찾기 놀이에 빠져 보세요.

물은 탁해도 제일 볼거리 많은
중류하천 이야기

　마을을 지나 강으로 흘러가는 냇물은 폭이 넓고 수심도 제법 깊어진다. 이런 중류 냇물들은 느릿느릿 S자 곡선을 그리면서 뱀처럼 지나간다고 해서 흔히 '사행천'이라고 부른다. 바닥에 자갈이 깔린 곳은 작은 여울이 생기지만 물 흐름이 느려 대체로 모래와 진흙이 깔린 잔잔한 냇물 형태를 띤다. 사실 상류와 중류가 어느 시점에서 딱 갈리는 것은 아니다. 상류와 중류 사이, 두 가지 특성을 함께 간직한 중상류를 지나며 냇물은 점점 중류하천의 특징을 띠어 간다.

　물속이 잘 비치지 않을 정도로 탁해지면 이제 중류쯤 왔군, 생각하면 된다. 마을과 논밭, 혹은 공장지대를 지나면서 냇물은 빠르게 혼탁해진다. 냇물 중간에 농사용 보를 막아 유속이 전혀 없는 곳도 있는데, 이런 고인 물에서는 붕어말이나 나사말, 검정말 같은 수생식물이 쉽게 퍼지고 동물성, 식물성 플랑크톤도 많아진다. 마을과 작은 도시에서 생활하수와 농축산폐수, 공장폐수 등이 흘러나와 오염을 더욱 심각하게 만들기도 한다. 그래도 민물고기가 사는 냇물은 대부분 3급수 이상을 유지한다.

　오염이 아주 심각하지만 않다면 중류 냇물은 상류에 비해 생물다양성[1]이 훨씬 뛰어나다. 냇물 바닥에 돌보다 모래가 많아지면서 참종개, 돌마자, 모래무지 등 모래 바닥에 몸을 숨기고 사는 민물고기들이 나타나며, 중상류에 고르게 퍼져 사는 피라미, 꺽지, 동사리 등도 계속 볼 수 있다. 바닥에 진흙이 있는 곳에서는 작은 재첩 종류부터 펄조개 같은 대형 민물조개까지 살며, 물속곤충은 셀 수도 없이 많다.

1　특정 환경에서 생물종이 다양하게 나타나는 정도

- 냇물 폭이 넓고 물 흐름이 느리며 상류보다 수심도 깊다.
- 물 색깔이 탁하고 바닥이 모래와 진흙으로 이루어졌다.
- 물속에는 수생식물이 살며 부영양화가 많이 진행되어 더 다양한 생물이 나타난다.

모래 바닥에서
새롭게 나타나는 물고기들

상류에서 만난 물고기들 중에도 중류까지 내려와 사는 것들이 많다. 물이 제법 맑은 중상류 냇물이라면 쉬리, 피라미, 꺽지 등을 계속해서 볼 수 있다. 특히 꺽지는 다양한 환경에 잘 적응해 산간 계곡부터 중류 냇물에 이르기까지 꽤 넓게 퍼져 산다. 냇물 바닥에 모래가 많아지면서 참종개, 돌마자, 참마자, 모래무지 등 모래 바닥에 몸을 숨기고 사는 물고기들을 새롭게 볼 수 있다. 민물조개가 살기 시작하는 모래나 진흙 바닥에서는 민물조개에 알을 낳는 납자루 종류도 살며, 얼룩동사리, 꾹저구 등은 물이 많이 더러운 곳에서도 만날 수 있다.

참종개 모래 바닥에 숨으면 무늬까지 비슷해서 감쪽같다.

얼록동사리 돌 틈에 꼼짝 않고 있으면 발견하기 어렵다.

꾹저구 비교적 많이 오염된 곳에서도 볼 수 있다.

냇물 가장자리 물풀이 무성한 곳을 뒤지면 물고기 외에도 다양한 생물을 만날 수 있다.

피라미 중상류 냇물에서 가장 흔히 볼 수 있다.

더러운 물을 더 좋아하는 물속생물들

많은 사람들은 물이 맑을수록 생물들이 더 잘 살 수 있다고 생각하지만 어느 정도 오염되어 부영양화가 진행된 곳에서 살아가는 생물의 종류와 개체수가 훨씬 많다. 장구애비, 게아재비, 물자라 등 물속 노린재들은 이런 물에 주로 살며, 잠자리, 하루살이 중에도 맑은 물보다 이런 곳을 더 좋아하는 종류가 있다. 농사용 보로 인해 고이다가 흐르고 물살도 느릿느릿한 중류 냇물에는 물풀이 있는 곳이나 모래 쌓인 곳, 물가 웅덩이, 그리고 물살이 제법 빠른 곳 등에 각기 다른 생물들이 얽혀서 살아간다. 바닥이 잘 보이지 않는 탁한 물속을 뜰채로 떠 보거나 물풀에 붙어사는 곤충들을 찾아보면 재미있다.

수염치레각날도래 입에서 실을 내어 돌에 그물 집을 만들고 그 안에 들어가서 산다.

물속곤충을 관찰하기 좋은 중류 냇물. 수초 주변만 훑어도 다양한 종류를 만날 수 있다.

게아재비 물가에 무성한 식물들은 물속곤충들에게 꼭 필요한 서식 조건이 되기도 한다.

물자라 다른 동물의 체액[1]을 빨아먹는 물속 노린재들은 이런 탁한 물에 주로 산다.

검은물잠자리 애벌레 1급수에 사는 물잠자리와 달리 중하류에서도 잘 산다.

1 동물의 몸속에서 혈관이나 조직 사이를 채우고 있는 혈액, 림프, 뇌척수액 따위를 통틀어 이르는 말

민물에 사는 조개들

흔히 조개는 바다에나 산다고 생각하지만 진흙이나 모래로 이루어진 냇물 바닥에 사는 종류도 있다. 섬진강의 명물, 재첩이 대표적이다. 조개들은 주로 물에 떠 있는 플랑크톤과 유기물을 걸러먹고 산다. 탁한 냇물 바닥에서 꾸물꾸물 기어 다니며 먹이활동을 한 흔적을 찾아볼 수 있다. 조개 크기도 다양해 자잘한 재첩에서부터 어른 발바닥만큼 크기도 한 펄조개, 귀이빨대칭이 같은 대형 석패류[1]에 이르기까지 여러 종류가 있다. 조개 탐사는 물속뿐 아니라 물밖 모래톱에서 죽은 조개 껍데기를 채집해도 된다.

옷처럼 입는 가슴장화 안에 든든히 옷을 껴입기만 하면 겨울에도 조개 탐사를 할 수 있다.

조개나 고둥이 이동한 흔적. 이 흔적의 양끝을 파면 숨어 있는 생물을 발견할 수 있다.

물가에서 죽은 조개껍데기도 조사해 본다.

자갈이 많은 곳에는 큰 돌 밑에 숨어 있을 가능성이 높다.

모래 바닥에는 손가락 한 마디만 한 작은 재첩들이 많다.

1 껍질이 두껍고 딱딱해 석패류(石貝類)라고 부른다. 진주층이 잘 발달해 진주조개를 양식하는 데 모패(母貝)로 이용한다.

실전3_ 중류 냇물 관찰하기

냇물 생물 이름 찾아보기

제 2 장

냇물생물은 어떻게 생겼을까? 내가 찾은 생물의 이름은 뭘까? 궁금할 때 페이지를 넘겨보세요. 물에 사는 생물은 주변 환경에 따라 몸 색깔을 잘 바꾸기도 하니까 사진 속 모습과 실제 모습이 조금 다를 수도 있어요. 여기에 없는 냇물생물들을 만날 수도 있겠지요. 그럴 때는 재빨리 사진을 찍어두면 나중에라도 이름을 찾기 편해요.

민물고기

열목어

여름에도 수온 20℃ 이하의 맑고 찬 계곡에만 살아 '청정계류 물고기의 대명사'로 통한다. 빙하기 때 우리나라까지 내려와 살게 된 북방계 냉수성 물고기의 하나다. 유선형 몸에 굵은 점무늬가 돋보이며 투명할 정도로 맑은 계곡을 유유히 헤엄쳐 다닌다. 다 자라면 몸길이가 50~70센티미터에 달한다.

둑중개

　북방계 냉수성 물고기들 중에서도 가장 찬 물에 살기로 유명하다. 그러나 이런 산간 계곡들이 점점 사라져 멸종위기야생동물 Ⅱ급으로 지정되어 있다. 1970년대까지만 해도 섬진강, 만경강, 금강 등 남쪽 계곡에도 살았던 기록이 있으나 지금은 경기도 및 강원도의 매우 깊은 계곡에서만 간혹 눈에 띈다.

민물고기

민물고기

금강모치

냉수성 물고기이며 우리나라 고유종[1]이다. 은빛이 나는 몸에 금색 가로줄이 있어서 햇살을 받으면 눈부시다. 한강 수계[2]의 비교적 규모가 큰 계곡에 살며 금강 수계에서는 무주구천동이 유일한 서식지다. 여울의 중간층과 소 가장자리에서 날렵하게 헤엄치는 모습을 볼 수 있다.

1 어느 한 지역에서만 사는 특별한 생물종. 특산종 또는 토착종이라고도 한다.
2 같은 물줄기를 이루는 계통

미유기

민물고기

　청정 계곡과 상류 냇물에서만 볼 수 있는 물고기다. 낮에는 큰 돌이나 자갈 등으로 이루어진 냇물 바닥에 숨어 있다가 밤에 나와 먹이 활동을 한다. 콧수염을 길게 늘어뜨린 모습이 메기와 비슷해 '산메기' '깔닥메기'라고도 부른다. 야행성[1] 물고기는 대체로 이처럼 눈이 작고 입 주변에 감각 능력이 뛰어난 긴 수염이 발달했다.

1　낮에 쉬고 밤에 활동하는 동물의 습성

민물고기

산천어

　송어의 육봉형. 육봉형(陸封型)이란 민물에서 태어난 회유성 물고기[1]가 바다로 가지 않고 민물에 적응해 성장한 것을 말한다. 송어는 본래 민물에서 나서 바다로 나가 성장한 뒤 민물로 돌아와 알을 낳는다. 우리나라는 민물로 돌아오는 송어가 드물어 산천어도 많지 않은데, 전국 심산계곡에 일본산 산천어를 마구잡이로 방류[2]하는 바람에 고유종을 찾아보기가 더욱 어렵게 되었다. 오늘날 계곡에서 보는 산천어는 대부분 일본산인 붉은점산천어와의 사이에서 태어난 잡종[3]이다.

1　일생 동안 민물과 바다를 오가며 사는 물고기
2　냇물 등에 풀어서 살게 하는 것
3　서로 다른 종이 섞인 것

버들치

영동북부 지방(강릉 이북)을 제외한 전역에 퍼져 산다. 흔히 1급수 지표종이라고 알려져 있지만 오염된 물에서도 잘 살기 때문에 지표종으로 활용하는 것은 적절치 않다. 규모가 큰 산간계류보다는 오히려 산기슭에 있는 작은 상류 냇물에서 주로 살며, 갈수기[1]에 도랑[2]이나 웅덩이 등 혹독한 환경에서도 잘 적응해 버틴다. 먹성도 좋아 어떤 환경에서도 아무 것이나 잘 먹는 잡식성이다.

민물고기

1 1년에 강물이 가장 적은 시기. 겨울과 이른 봄, 혹은 여름에도 가뭄이 든 경우를 말한다.
2 매우 좁고 작은 개울

민물고기

쉬리

　영화 '쉬리'로 이름을 알렸지만 영화 속 모습은 쉬리가 아닌 열대어였다. 전국의 계곡부터 중류 냇물까지 웬만큼 깨끗한 물에는 넓게 퍼져 산다. 우리나라에만 사는 고유종이며, 날랜 유선형 몸에 V자 꼬리가 있어 물살이 빠른 여울도 잘 타 넘는다. 뾰족한 입으로 물속 돌에 붙은 이끼를 쪼아 먹는다.

어름치

우리나라 고유종이며 천연기념물 제259호. '어름치'라는 이름 때문에 냉수성 물고기라고 착각하기 쉬우나 그 이름은 무늬가 '어른 어른하다'는 데서 기원했다. 중상류 냇물에서 주로 산다. 금강과 한강에서만 발견되는 등 서식지가 워낙 제한적이다. 냇물 바닥에 작은 돌들로 탑을 쌓고 그 속에 알을 낳아 기르는 독특한 산란 생태가 알려져 있다.

민물고기

민물고기

피라미

우리나라 웬만한 냇물에서 가장 흔하게 볼 수 있는 물고기다. 번식기 때 수컷의 혼인색이 아름답기로 유명한데, 몸에 붉은빛과 푸른빛이 오묘하게 돌아 그것을 보고 '부러지' 또는 '불거지'라고도 불렀다. 이때는 혼인색을 띠는 것 외에도 뒷지느러미가 눈에 띄게 커지고 입과 가슴지느러미에 추성이라고 부르는 돌기가 생긴다.

참갈겨니

우리나라 상류 냇물에서 가장 흔하게 볼 수 있는 물고기다. 물속 곤충뿐 아니라 물 위에 떨어진 육상곤충을 즐겨 먹어 냇물 주변에 나무와 풀이 우거진 곳을 좋아한다. 비슷하게 생겼지만 눈에 붉은 반원 무늬가 있으면 갈겨니이고, 없으면 참갈겨니다. 참갈겨니는 상류 냇물의 물 흐름이 빠른 곳에 살지만 갈겨니는 중하류의 좀 더 느린 곳에 살며, 참갈겨니는 전국에 두루 퍼져 살지만 갈겨니는 경기도, 강원도에서는 거의 보기 어렵다.

민물고기

꺽지

육식성 물고기로 민물 최고의 포식자 중 하나다. 전국 거의 모든 냇물에 살며, 주로 중상류 지역 바위나 돌 밑에 숨어 있기 때문에 반두질에 잘 걸려든다. 등지느러미가 가시처럼 뾰족해 찔리면 매우 아프다. 꺽지는 암컷이 물속 돌 밑에 알들을 낳아 붙이면 수컷이 그 앞을 지키며 보호하는 것으로 유명하다. 화가 나면 아가미뚜껑을 앞으로 펼쳐 포악한 표정을 지으며 위협한다.

돌고기

전국 중상류 냇물에 산다. 가는돌고기와 비슷하게 생겼지만 입이 두툼하고 앞으로 튀어나온 것이 특징이다. 입이 꼭 '돼지 코'를 닮았다고 해서 한때 '돈(豚)고기'라고도 불렀다. 이 입으로 바위에 붙은 물속곤충들을 잘 쪼아 먹는다. 또 수컷이 지키고 있는 꺽지 산란장에 몰래 알을 낳아 맡기는 독특한 생태를 보이는데, 이런 행위를 '탁란'이라고 한다.

민물고기

민물고기

가는돌고기

돌고기와 비슷하게 생겼지만 몸이 훨씬 가느다라며, 등지느러미 끝부분에 흐린 검은색 띠가 있고, 조그만 입이 아래를 향해 있는 점도 다르다. 또한 전국 중상류 냇물에 퍼져 사는 돌고기와 달리 가는돌고기는 한강 중상류 맑은 여울에만 사는 고유종이며, 멸종위기야생동물 Ⅱ급으로 보호받고 있다. 생태적 습성은 돌고기와 거의 비슷해 가는돌고기 역시 꺽지 산란장에 탁란하며, 어려서부터 무리 지어 먹이활동을 한다.

감돌고기

만경강, 금강, 웅천천에만 사는 우리나라 고유종으로 멸종위기야생동물 Ⅰ급으로 지정되어 있다. 돌고기처럼 몸이 길고 옆으로 납작한데, 입은 아래로 향하고 지느러미에 검은 무늬가 있어 구별하기 쉽다. 물이 많고 자갈이나 바위가 많은 곳에 산다.

민물고기

> 민물고기

새코미꾸리

우리나라 고유종이다. 입 주위 생김새가 독특해 이름만 알면 알아보기 쉬운데, 여섯 개의 뾰족한 주황색 돌기가 멋지다. 냇물 중상류 자갈이 많은 곳에 몸을 숨기고 살며, 돌에 붙은 녹조류나 물속곤충을 잡아먹는 잡식성이다. 한편, 이와 비슷한 종으로 멸종위기야생동물 I급인 얼룩새코미꾸리는 몸의 무늬가 더 특이하고 낙동강 수계에서만 적은 수가 산다.

참종개

민물고기

　우리나라 고유종으로 물 흐름이 빠른 중상류 냇물에 산다. 바닥에 잔자갈과 모래가 많은 곳을 좋아하며, 주로 모래 바닥에 몸을 숨기고 조심스럽게 드나들며 먹이를 찾는다. 몸에 모래 색깔과 비슷한 무늬가 있어 보호색 효과가 뛰어나다. 종개 종류는 대부분 생김새가 비슷해 구분하기가 쉽지 않은데, 몸통 옆에 독특한 구름 모양 무늬로 종을 나누기도 한다.

1　생물이 자신의 몸을 보호하기 위해 주변 환경과 비슷한 색깔이나 무늬를 띠는 것

민물고기

퉁가리

우리나라 고유종으로 중상류 빠른 여울의 돌 밑에 살면서 주로 밤에 활동한다. 가슴지느러미에 독을 뿜는 작은 가시가 있어 찔리면 무척 아프고 심한 경우 팔이 마비되는 느낌을 받는다. 스트레스를 받으면 몸에서 투명한 점액질을 뿜기도 하는데, 어항에 다른 물고기들과 함께 두면 이로 인해 죽을 수도 있다.

자가사리

퉁가리와 비슷하게 생겼으나 주둥이 아래턱이 위턱보다 짧다. 금강 이북 주요 냇물에 사는 퉁가리와 달리 동해 남부와 금강 이남에만 살기 때문에 서식지로 구분할 수도 있다. 가슴지느러미가 날카로워 역시 쏘이면 무척 아프다.

민물고기

동사리

우리나라 고유종으로, 동해로 흐르는 냇물을 제외하고는 거의 전국에 산다. 머리가 매우 크고 납작하며 입도 크다. 야행성이라 낮에는 주로 돌 밑에서 숨어 지내는데, 주변 환경에 따라 몸 색깔도 잘 바꿔 물속에서 찾기는 쉽지 않다. 자세히 보면 몸에 큰 얼룩무늬가 3개 있다. 비슷한 종으로 얼룩동사리가 있으며, 몸매와 무늬로 구분할 수 있다.

1 얼룩동사리

돌마자

남해와 서해로 흐르는 물 대부분에 산다. 머리와 배 쪽이 편평해 바닥에 서듯이 멈출 수 있으며, 입가에 수염이 한 쌍 있다. 물이 맑고 모래와 자갈이 깔린 바닥 가까이에서 헤엄치며 먹이를 찾는다. 암컷이 알을 낳으면 수컷이 주변을 맴돌며 알을 지킨다.

민물고기

민물고기

묵납자루

한강과 임진강 수계에만 사는 우리나라 고유종이며 멸종위기야생동물 Ⅱ급이다. 몸이 옆으로 납작한 것이 납자루들의 특징이다. 관상용으로 가치가 높아 냇물에서 점점 사라져 가고 있다. 다 자란 몸길이가 5~7센티미터이며, 물 흐름이 느리고 큰 돌이 많은 중상류 냇물에서 볼 수 있다. 납자루들은 5~6월 산란철에 조개 몸속에 알을 낳는 독특한 생태로도 유명하다.

꾸구리

금강, 한강, 임진강에서 볼 수 있는 우리나라 고유종이며 멸종위기야생동물 Ⅱ급이다. 물이 많은 중상류 냇물 여울에 살며, 주로 돌 밑에 숨어 물속곤충을 잡아먹는다. 입 주변에 수염이 네 쌍 있고, 스스로 동공[1]을 열고 닫아 빛의 양을 조절한다.

1 눈동자. 홍채라고 부르는 근육막으로 크기를 조절한다.

민물고기

돌상어

역시 한강과 금강에만 사는 우리나라 고유종이며 멸종위기야생동물 Ⅱ급이다. 꾸구리와 친척뻘 되는 물고기로, 비슷한 환경에 살고 생김새도 닮았다. 꾸구리와 달리 동공 모양은 변하지 않는다.

중고기

서해와 남해로 흐르는 중상류 냇물에 산다. 물 흐름이 느리고 진흙과 모래, 바위가 두루 섞인 곳에서 동물성 먹이를 주로 찾아 먹으며, 납자루들처럼 조개에 알을 낳는다. 몸 옆의 검은 줄이 뚜렷하며, 암수 모두 산란기에는 가슴지느러미, 배지느러미, 뒷지느러미의 주황색이 진해진다.

민물고기

민물고기

밀어

우리나라 전 지역에 산다. 뺨 근육이 발달해 볼을 일부러 부풀린 것처럼 우스꽝스럽게 보인다. 원통형 몸은 뒤로 갈수록 옆으로 납작해지고 몸 색깔도 다채롭다. 주로 냇물과 바닥에 자갈과 모래가 깔린 곳에 많다. 암컷이 여울 아래 돌 밑에 알을 낳으면 수컷이 이를 지킨다.

동자개

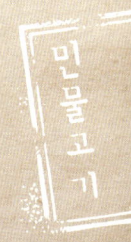

서해와 남해로 흐르는 냇물에 산다. 짙은 녹갈색 몸에 입이 뾰족하며 수염이 네 쌍 있다. 꼬리지느러미가 V자 모양으로 깊게 파인 것도 특징이다. 모래와 진흙, 자갈이 깔린 곳에서 살며 물속곤충이나 갑각류, 작은 물고기를 잡아먹는다. 동자개 무리는 잡혔을 때 '빠각빠각'하는 소리를 내기 때문에 '빠가사리'라고도 부른다.

> 민물고기

눈동자개

서해와 남해로 흐르는 냇물에 살며 우리나라 고유종이다. 몸은 가늘고 긴 편인데, 등지느러미 앞쪽은 위아래로 약간 납작하고 뒤쪽은 옆으로 납작하다. 모래나 자갈이 깔린 맑은 곳에 살며, 산란기에 무리를 짓는 경향이 있다.

꼬치동자개

낙동강 일부 지역에만 사는 우리나라 고유종으로 천연기념물이며 멸종위기종이다. 동자개 무리 중에서 몸이 가장 작다. 몸에 비늘이 없으며, 입에서부터 꼬리까지 자갈색 덩어리 무늬가 4개 있다. 물이 맑고 바닥에 자갈이 깔린 곳에 살며, 낮에는 주로 바위나 돌 밑에 숨어서 지낸다. 육식성으로 물속곤충을 주로 잡아먹는다.

민물고기

꾹저구

망둑어과 물고기로 우리나라 전 연안 기수역[1]에 산다. 밝은 갈색 몸에 어른거리는 구름무늬가 있으며, 배지느러미는 합쳐져서 흡반[2] 모양이다. 진흙과 자갈이 깔린 넓은 냇물에 살아 민물매운탕 재료로 널리 쓰는데, 특히 강원도 양양의 '뚜거리탕'이 유명하다. 생물학적 이름은 꾹저구지만 지역에 따라 뚜거리, 뚝저구, 뿌구리, 꾸부리 등 다양한 이름으로 불린다.

1 민물과 바다가 만나는 곳
2 다른 동물이나 물체에 달라붙기 위한 기관. 낙지나 오징어의 발, 청개구리나 도마뱀붙이의 발가락 등에서도 볼 수 있다.

꼬리치레도롱뇽

　물이 맑고 찬 계곡에만 살아 1급수 지표종으로 통한다. 계곡 바위 틈, 나무뿌리 근처에 살며 거미나 지렁이 등을 잡아먹는다. 도롱뇽들은 이르면 1월 중순부터 알을 낳으며, 40~50일이 걸려 깨어난다. 꼬리치레도롱뇽은 작은 폭포 밑 바위에 주머니 모양 알 덩어리를 낳아 붙이는데, 주머니 안에 10~12개의 흰 알이 들어 있다. 어릴 때와 번식기에는 발가락에 매니큐어를 칠한 것 같은 검은 발톱이 생긴다. 성체는 보통 머리와 몸통을 합친 것보다 꼬리가 길며, 납작한 머리에 볼록 튀어나온 눈이 귀엽다.

양서류

도롱뇽

냇물 옆에 살짝 고인 웅덩이 같은 곳에 알을 낳는다. 네 발이 나오면 뭍으로 올라와 축축한 흙이나 썩은 나무 틈, 돌 밑 같은 데서 생활하기 때문에 냇물에서는 알을 관찰하기가 더 쉽다. 물속 돌 밑에 알 덩어리 두 줄을 낳아 붙이며, 보통 한 줄에 50~120개의 알이 들어 있다. 부산 기장면 고리 일대에서 사는 고리도롱뇽과 제주도와 남해안 일대에서 사는 제주도롱뇽은 도롱뇽과 쏙 빼닮아 눈으로는 구별하기 어려우며, 알 모양도 비슷하다.

계곡산개구리

　계곡산개구리와 북방산개구리는 모두 계곡에 살고 생김새도 비슷하지만 몇 가지 차이가 있다. 꼬리치레도롱뇽이 사는 깊은 계곡에서 개구리를 보았다면 계곡산개구리일 확률이 높다. 알은 흐르는 물속 돌이나 바닥에 넓게 붙여서 낳는다. 3월 무렵에 알을 낳기 때문에 봄에 내내 물속에서 자라는 모습을 볼 수 있으며, 6월 중순이나 7월에 성체가 되어 뭍에 오른다.

북방산개구리

계곡산개구리보다는 낮은 계곡이나 물 맑은 개울가에 산다. 흐르는 물이 아닌 그 주변 웅덩이에 구슬 같은 알 덩어리들을 바닥에 붙이지 않고 떠워서 낳으며, 알은 계곡산개구리 것보다 크다. 성체는 계곡산개구리와 무척 닮았고 성장기도 비슷해 겉모습으로 구별하기는 어렵다. 두 종 모두 번식기에는 수컷 앞발에 생식혹[1]이라고 부르는 돌기가 돋아난다.

1 개구리들은 번식철에 수컷이 암컷 등에 올라타서 알을 잘 낳도록 돕는다. 수컷 발의 생식혹은 암컷을 꼭 껴안고 배란을 유도하는 역할을 한다.

옴개구리

얕은 계곡이나 냇물 주변에서 볼 수 있다. 몸 표면에 좁쌀 모양 돌기가 오돌토돌 돋아 구별하기 쉽다. 발가락 사이에는 물갈퀴가 유난히 발달했다. 연못이나 냇물 물풀지대에서 알 덩어리를 물풀에 붙여 낳으며, 알 덩어리 하나에 30~60개의 알이 들어 있다. 덜 성숙한 올챙이 상태로 겨울을 나고 다음해 여름에 성체가 된다.

양서류

양서류

무당개구리

전국의 산 주변이나 얕은 물가에서 흔히 볼 수 있는 개구리다. 초록색과 검은색 대비가 강렬한 얼룩무늬가 있으며, 배와 발끝에는 선홍빛이 돌아 금방 눈에 띈다. 위협을 받으면 붉은 배를 드러내 독이 있음을 알린다. 알은 주로 빗물이 고인 흙 웅덩이나 논, 연못에서 볼 수 있는데, 작은 알 덩어리를 여기저기 옮겨 다니며 낳는 습관이 있다.

물두꺼비

두꺼비의 한 종류로 계곡산개구리처럼 깊은 계곡에 산다. 여름이 지나면 바로 겨울잠을 준비하기 위해 계곡에 내려와서 암컷과 수컷이 끌어안은 채로 겨울을 난다. 알은 다음해 4월 중순에서 5월 초에 낳는다. 올챙이를 거쳐 성체가 되는 데 걸리는 시간은 계곡산개구리보다 훨씬 빠른데, 다리가 생기면 곧 뭍에 올라 육상생활을 한다. 두꺼비처럼 몸에 독이 있으니 잡아먹으면 안 된다. 어린 물두꺼비는 몸에 붉은빛을 띠기도 한다.

|
물두꺼비

한국큰그물강도래

애벌레 시절을 물속에서 지내며 어른벌레가 되기까지 2~3년이 걸린다. 맑은 계곡의 물살이 빠른 여울 바닥을 채로 훑으면 잘 걸려든다. 주로 낙엽을 갉아먹는다. 우리나라 강도래 중에서 가장 커 어른벌레의 몸길이가 5센티미터를 넘는데, 애벌레도 큰 편이다. 애벌레는 위협을 받으면 몸을 돌돌 말거나 뒤집으며 죽은 척한다. 계곡 옆 숲 그늘에서 이들이 어른벌레로 탈바꿈¹ 하며 벗어놓은 허물도 만날 수 있다.

1 몸의 형태를 바꾸는 것

허물 벗은 흔적

한국강도래

우리나라에만 사는 고유종이다. 한국큰그물강도래보다 훨씬 작지만 육식을 하는 포식자여서 하루살이 애벌레나 날도래 애벌레들을 잡아먹는다. 역시 물살이 빠른 여울 바닥에 살며 어른벌레가 되는 데 2년 걸린다. 강도래 애벌레들은 옆구리에 기관아가미¹가 있고 꼬리는 두 개다.

1 허파가 없는 곤충들이 물속에서 산소를 빨아들이는 기관

피라미하루살이

맑고 찬 계곡에만 산다. 물살이 빠른 계곡 옆 낙엽이나 모래를 퍼올려 살피면 찾을 수 있다. 배마디 양쪽에 배의 노처럼 보이는 것들은 물속에서 숨을 쉴 수 있는 기관아가미다. 꼬리를 위아래로 움직이며 재빨리 헤엄치기 때문에 물고기 치어로 착각하기 쉽다.

곤충

가는무늬하루살이

피라미하루살이가 사는 곳에서 함께 만날 수 있다. 굴을 잘 파는 하루살이 종류로, 계곡 바닥의 모래나 낙엽이 쌓인 곳에 파고들어 숨는다. 배마디 위쪽에 깃털 같은 기관아가미로 물에 녹아 있는 산소를 빨아들인다. 비슷한 종으로 무늬하루살이도 있다. 가는무늬하루살이보다는 덜 깨끗한 계곡에 산다고 알려져 있지만 함께 잡히는 경우가 많다.

뿔하루살이

중상류 냇물에 넓게 퍼져 살며 수질을 평가하는 지표종 역할을 한다. 가슴이 크고 머리 앞쪽에 뾰족한 뿔이 난 것이 특징이다. 다른 하루살이들처럼 배마디에 있는 기관아가미로 숨을 쉬고 꼬리는 세 개다. 하루살이 애벌레들은 꼬리가 세 개인 것들이 많아 꼬리가 두 개인 강도래 애벌레들과 구분된다.

수염치레각날도래

물살이 센 곳에서 돌을 들추면 볼 수 있다. 각날도래 애벌레들은 돌 아랫면에 실을 내어 그물을 만들고 그 속에 들어가 산다. 이를 흔히 '꼬네기'라 부르고 낚시 미끼로 쓰기도 한다. 애벌레는 가끔 얼굴과 몸을 길게 빼내 먹이를 잡아먹는다. 애벌레 때 실을 내는 행동은 나방과 비슷한데, 날도래 무리는 오래 전에 나방에서 분화해 물에 적응한 종류이기 때문이다.

집   어른벌레 모습

띠무늬우묵날도래

맑은 계곡 물살이 조금 느린 곳에서 돌에 붙어 꼬물꼬물 움직이는 것을 볼 수 있다. 우묵날도래 종류 애벌레는 보통 모래와 작은 돌, 나뭇잎 조각 등 다양한 재료로 제 몸 하나 들어갈 정도의 원통형 집을 만들고, 머리와 앞다리만 내밀어 집을 끌고 다니면서 생활한다. 집을 짓는 모양과 건축 재료에 따라 날도래 종류를 구별하기도 한다.

곤충

어리장수잠자리

물살이 제법 센 곳에서 반두질을 하면 곧잘 걸려든다. 크고 넓적한 몸에 머리만 유난히 작다. 이런 몸으로 돌에 착 달라붙어 물살을 이기면서 산다. 이름에 '장수'가 붙었지만 측범잠자리과의 한 종류이며, 다른 측범잠자리들과는 겉모습으로 쉽게 구분할 수 있다.

쇠측범잠자리

계곡과 상류 냇물에서 만날 수 있는 대표적인 잠자리 애벌레다. 물속 모래 바닥이나 주변 퇴적물을 뜰채로 떠 보면 꼭 섞여서 나온다. 맑고 찬 1급수에 사는 대표적인 잠자리이며, 애벌레로 2년을 보낸다. 이밖에 노란측범잠자리 애벌레는 1급수와 2급수가 만나는 지점에 살며, 가시측범잠자리는 훨씬 오염된 물에서 펄이나 진흙 속을 파고들어 산다.

가시측범잠자리   측범잠자리

물잠자리

1급수를 유지하는 중상류 냇물에 산다. 물잠자리 암컷은 달뿌리풀 같은 물풀에 알을 붙여 낳는 습성이 있다. 알에서 깨어난 애벌레가 물풀 뿌리를 갉아먹으며 살기 때문이다. 따라서 수질이 좀 나쁜 것은 견딜 수 있어도 물풀이 없으면 아예 못 사는 종류다. 비슷하게 생긴 검은물잠자리 애벌레는 더 오염된 물까지 퍼져서 살며, 물풀에 의존하지 않고 냇물의 자갈 틈에서도 산다.

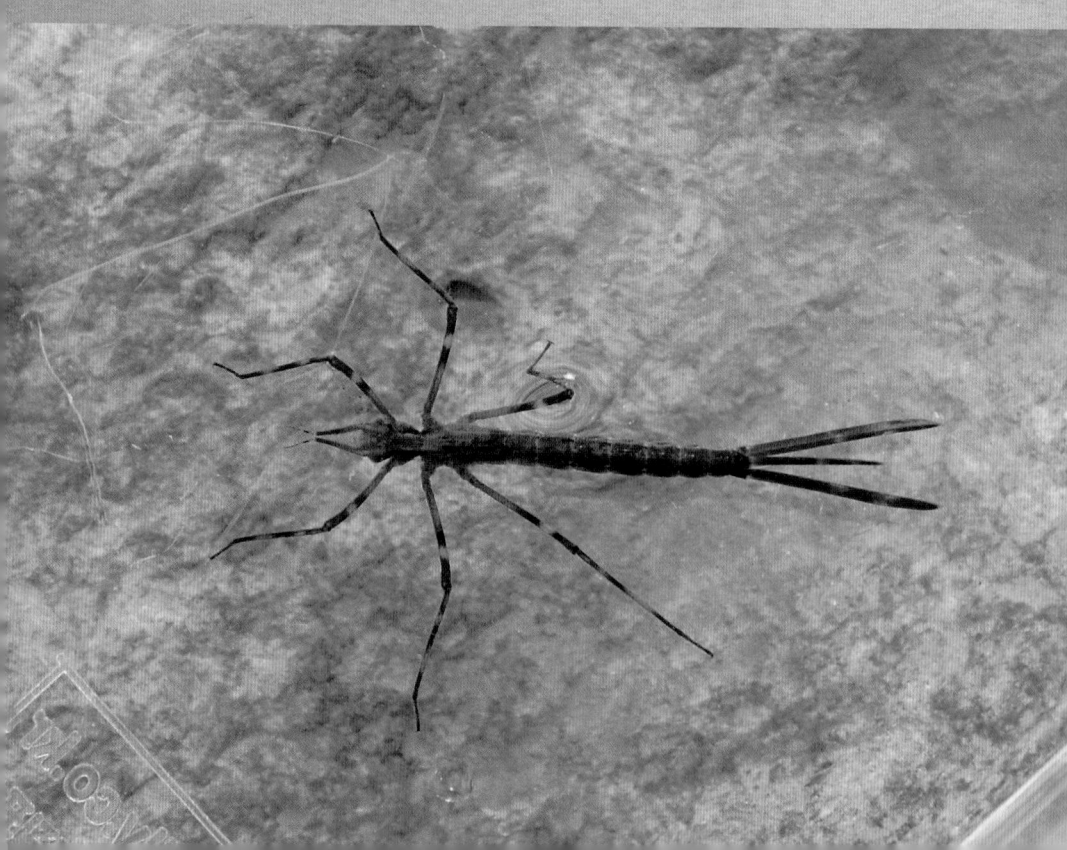

검정날개각다귀

모기처럼 생긴 각다귀도 물에 알을 낳는다. 각다귀 애벌레들은 거머리처럼 신축성[1]이 좋은 몸으로 물속을 기어 다니며 식물 조각들을 갉아 먹는다. 검정날개각다귀 애벌레는 그 중에서도 깨끗한 1급수에 산다. 위협을 받으면 꼬리 끝에서 부챗살 같은 강모[2]를 펼치며, 단단한 머리도 몸통 속에 밀어 넣을 수 있다.

1 몸이 늘어나고 줄어드는 성질
2 뻣뻣하고 억센 털

곤충

뱀잠자리

뱀잠자리 종류는 암컷이 물가에 알을 낳으면 5~6일이 지나서 깨어나고, 알에서 나온 애벌레가 물에 들어가 생활한다. 애벌레들은 깨끗한 중상류 냇물의 퇴적층에 산다. 뱀잠자리는 배마디 끝부분의 기관아가미가 나뭇잎처럼 펼쳐진 것이 특징이고, 그보다 흔한 대륙뱀잠자리는 아가미가 모두 실처럼 가늘다.

대륙뱀잠자리

등빨간소금쟁이

계곡이나 깨끗한 냇물에서만 볼 수 있는 소금쟁이다. 물웅덩이에서 흔히 보는 소금쟁이는 등이 희끗희끗하지만 등빨간소금쟁이는 이름처럼 등이 짙은 갈색이다. 소금쟁이들은 다리에서 기름 성분이 배어나와 물에 가라앉지 않고 떠서 살 수 있는데, 물 표면을 자유롭게 오가며 떨어진 곤충을 잡아먹는다.

물자라

일생을 물속에서 사는 곤충도 있다. 암컷이 낳은 알을 등에 붙이고 다니며 키우는 부성애의 대명사, 물자라가 대표적이다. 물속에서 작은 물고기나 올챙이를 덮쳐 체액을 빨아먹고 살며, 간혹 물밖에 나와 신선한 공기와 햇볕을 즐긴다. 뒷다리가 노처럼 생겨 헤엄치기에 알맞다. 흐르는 냇물보다는 그 옆에 고인 물을 더 좋아하며, 맑은 물보다는 조금 더럽고 물풀이 많은 중류 냇물을 좋아한다.

장구애비

계곡과 연못, 냇물 등 다양한 물속 환경에서 만날 수 있다. 납작한 몸을 계곡 바닥의 낙엽 사이에 숨기고 있다가 낫처럼 생긴 앞다리로 물고기와 올챙이를 사냥해 먹는다. 배 끝에 있는 숨관을 물 밖으로 내밀어 숨을 쉬는데, 숨관이 긴 것은 장구애비이고, 숨관이 더 짧으면 메추리장구애비다.

1 숨 쉴 때 공기가 흐르는 관

게아재비

장구애비가 사는 냇물에 게아재비도 산다. 몸이 길쭉하며 앞다리가 낫처럼 생겼다. 물속곤충이지만 헤엄을 잘 못 쳐서 주로 걷거나 기어 다니고, 물 표면과 가까운 곳에서 숨관을 내밀어 숨을 쉰다. 물풀에 꼼짝 않고 붙어서 먹잇감을 기다리는 모습도 종종 눈에 띄는데, 그 습성 때문에 '물사마귀'라고도 부른다. 밤에는 불빛을 따라 마을까지 잘 날아간다.

송장헤엄치개

물 흐름이 느린 냇물이나 연못에서 물 표면에 누워 있는 것을 볼 수 있다. 죽은 것처럼 누워 노처럼 생긴 긴 다리로 헤엄을 친다고 해서 이름이 '송장헤엄치개'다. 산소를 저장하는 공기방울이 배 쪽에 있어 몸이 뒤집히는 것인데, 그렇게 하늘을 보고 누워 있다가 물 위로 떨어지는 곤충의 체액을 빨아먹는다. 물론 물속에 헤엄쳐 들어가기도 하고 날기도 한다.

송장헤엄치개

애기물방개

물방개보다 작은 종이다. 연못이나 물 흐름이 약한 냇물에 살며 작은 동물들을 잡아먹는다. 물방개들은 딱지날개 아래에 공기를 채워 물속에서 오래 숨을 쉬는데, 몸이 작은 애기물방개는 수시로 수면까지 올라와 꽁무니에 공기방울을 매달고 내려가서 숨을 쉰다.

물삿갓벌레

어린 시절만 물에서 보낸다. 어른벌레가 되면 물 주변을 날아다니며 생활하는데, 암컷은 알을 낳기 위해 다시 물속으로 들어간다. 물 흐름이 거의 없는 냇물 가장자리에서 낙엽더미를 뒤지면 마치 콘택트렌즈처럼 붙어 있는 애벌레를 만날 수 있다.

곤충

옆새우

　바다와 민물에 모두 살지만 민물에 사는 종류는 오염된 곳에서는 잘 살지 못한다. 몸이 옆으로 납작해서 등을 구부리고 모로 누운 채 헤엄치기 때문에 '옆새우'라는 이름이 붙었다. 주로 낙엽이 떨어져 쌓인 계곡 바닥에서 유기물을 먹으며 살고, 냇물에서는 물풀 주변에 많다.

갑각류

갑각류

민물새우

마을 옆 중류 냇물에서 다양한 민물새우를 만날 수 있다. 몸이 큰 편이고 어두운 갈색 띠무늬가 있는 것은 줄새우, 그보다 작으며 등 가운데에 등뼈 모양의 무늬가 있는 것은 새뱅이, 더 작아서 주로 젓갈 재료로 쓰이는 것은 생이다. 강변 마을에서 민물새우탕이나 찌개 등에 주로 넣어 먹는 것은 이 중 새뱅이다.

생이 　　　새뱅이

왕우렁이

토종은 아니지만 요즘 마을 주변의 냇가 물풀이 많은 곳에서 쉽게 볼 수 있다. 유기농 쌀을 재배하기 위해 논에 왕우렁이를 기르는 농가가 많아지면서 냇물까지 퍼진 것. 번식률이 높고 수생식물을 닥치는 대로 먹어치우기 때문에 새로운 환경 문제를 일으킬 가능성이 높다. 냇물 주변 바위에 붉은 알 덩어리를 낳아 붙인다.

왕우렁이 알

연체동물

물달팽이

물에 살며 허파로 숨을 쉬는 달팽이 종류다. 더럽지만 유기물이 풍부한 곳에서 살고 번식률도 높기 때문에 대표적인 오염지표종으로 꼽힌다. 중하류 냇물의 물풀 주변을 뜰채로 훑으면 여러 마리가 잡히며, 집에서 수생식물을 기르는 수반에도 종종 생긴다. 달팽이는 보통 패각이 오른쪽으로 감겨 있는데, 독특하게 왼쪽으로 감긴 것을 '왼돌이물달팽이'라고 구분해 부른다.

다슬기

주로 중상류 냇물 돌 아랫면에 붙어서 살며, 주로 부착조류 등을 갉아 먹는다. 패각 생김새에 따라 이름을 달리 부르는데, 흔히 보듯 패각이 매끈매끈하게 돌려 난 것은 다슬기, 패각에 오돌토돌한 돌기가 있는 것은 곳체다슬기, 세로로 주름이 잡힌 것은 주름다슬기라고 부른다.

곳체다슬기   주름다슬기

연체동물

펄조개

바닥에 모래와 진흙이 많고 강처럼 넓게 흐르는 곳이라면 사람 발바닥보다 큰 대형 조개를 찾아봐도 좋다. 석패과로 분류되는 대형 조개들은 대부분 이런 곳에 몸을 파묻고 사는데, 큰 몸을 다 숨기지 못해 마치 튀어나온 돌처럼 보인다. 껍데기 길이가 15센티미터나 되는 펄조개는 대형 석패과 조개들 중에서도 중형급에 속한다.

민물담치

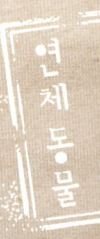

홍합 무리 중에 유일하게 민물에 사는 종이다. 물 흐름이 적은 중하류 냇물에서 바위나 돌에 붙어서 살며 유기물을 걸러 먹는다. 껍데기는 얇으며 앞은 좁고 뒤로 갈수록 넓어지는 형태다. 번식률이 좋고 무리를 지어 사는 특성이 있어 댐이나 수로 등에 붙어 물 흐름을 막는 원인이 되기도 한다.

연체동물

재첩

'섬진강 재첩국'으로 유명한 재첩은 한강, 북한강, 임진강, 의암호 등에도 산다. 길이가 2센티미터쯤 되는 작은 조개로, 껍데기는 둥근 삼각 형태다. 모래나 진흙, 자갈이 깔린 다양한 민물에 적응해 사는데, 물 바닥도 안 비치는 중하류 냇물에 특히 많다. 모래나 진흙 속에서 유기물이나 플랑크톤을 걸러 먹는다.

돌거머리

계곡이나 냇물 바닥의 돌 표면에 붙어서 작은 다슬기나 달팽이를 먹고 산다. 물이 차고 깨끗할수록 잘 자란다. 거머리들은 종과 상관없이 몸이 모두 34마디로 이루어져 있으며 몸길이를 늘였다 줄였다 하는 신축성이 대단하다. 환경에 따라 몸 빛깔도 바꿀 줄 안다.

연가시

선형동물

다른 동물의 몸속에서 기생하다가 물로 돌아오는 독특한 습성을 지닌 유선형 동물이다. 철사처럼 몸을 꼬는 모습 때문에 '철사벌레'라고도 부른다. 물풀에 알을 낳으면 그 풀을 갉아먹는 초식곤충의 몸에 들어가 부화해 자란다. 다 자라 번식기가 되면 숙주인 곤충을 물가로 유인해 항문을 통해 빠져나옴으로써 다시 물로 돌아간다.

플라나리아

　플라나리아는 다양한 종이 특수한 환경에 적응해 살아가는데, 주로 1급수 이상 깨끗한 물에 많다. 암수한몸[1]으로 재생력이 강한 것이 특징. 원통형 몸을 반으로 자르면 각각 살아나 두 마리가 되며, 100등분을 해도 모두 되살아날 정도라고 한다. 세모꼴인 머리에 바늘구멍 같은 눈이 두 개 있다.

1　한 몸에 암컷과 수컷의 두 가지 생식기를 갖춘 것. 지렁이, 달팽이 등이 대표적인 예다.

제3장
냇물 여행지

우리나라는 산이 많기로 유명해요. 높은 산에는 어디에나 계곡이 흘러요. 냇물은 마을을 감싸고 들판도 지나며 구불구불 흘러서 바다로 가요. 삼면이 바다인 우리나라는 동해, 서해, 남해로 냇물이 빠져 나가지요. 지도에서 우리 마을을 찾아 가까운 산과 바다, 큰 강을 찾아보세요. 우리집 근처에도 졸졸졸 흐르는 냇물이 있을 거예요.

한강권

한강 _ 우리나라 중부를 흐르는 강.
강원도 태백시 검룡소에서 발원해 서울 중심을 가르고 서해로 흘러든다.
북한강, 남한강 두 물줄기가 남양주시에서 만나고,
하구에서는 북쪽에서 흘러온 임진강도 합류한다.

길이

514킬로미터

한탄강

한탄강은 북한 땅인 강원도 평강군에서 발원해 경기도 철원군, 연천군을 거쳐 임진강에 합류한다. 총 길이 136킬로미터로, 주변 지역이 과거 화산 폭발로 형성된 암반 지대라 유난히 좁고 긴 골짜기를 이룬다. 상류인 포천에서

는 이 협곡을 따라 래프팅을 즐기기도 하며, 강바닥 전체가 직각으로 내려앉아 그 깊이를 모를 정도라는 송대소, 신라 진평왕이 정자를 세웠다는 고석정 등 명승지가 즐비하다. 맑고 찬 산간 계류를 체험하고 싶다면 고석정이 있는 순담계곡부터 직탕폭포 쪽으로 오르며 계곡 관찰을 하는 것이 좋다.

하류에 해당하는 연천군 전곡읍 주변은 한국전쟁 때 격전지이며 선사시대 '주먹도끼'가 발견되었던 선사유적지로도 유명하다. 강변 풍광이 아름다워 일대에 한탄강국민관광지가 조성되어 있는데, 계곡 좌우에 주상절리로 인해 생겨난 기암절벽, 현무암이 침식해 이루어낸 자갈밭과 모래밭, 그리고 송림 등 구석구석 색다른 정취가 살아있다. 서울에서 가까운 강변 유원지인데다 2008년에는 시설 좋은 오토캠핑장까지 문을 열어 여름 성수기에는 하루 10만 명의 관광객이 몰릴 정도로 큰 인기를 끌고 있다. 물놀이를 겸한 가벼운 냇물체험지로 선택할 만하다.

	대표 생물	어름치, 미유기, 가는돌고기, 쉬리, 참종개, 묵납자루 등
	들를 만한 곳	한탄강국민관광지, 고석정, 산정호수, 재인폭포, 연천맑은물사업소 등
	가는 방법	내비게이션 주소: 경기도 연천군 연천읍 전곡리 640 (한탄강국민관광지)
	문의	한탄강관광지 홈페이지 www.hantan.co.kr

가평천

가평천은 경기도 가평군 북면 적목리에서 발원해 가평읍을 지나 북한강에 합류하는 길이 34.82킬로미터의 지방하천이다. 화악산, 명지산, 연인산 등 해발 1천 미터 남짓의 작고 아름다운 산들에서 흘러내린 계곡물이 내내 더해져 읍내를 지나 북한강에 빠져들기까지 전 구간이 사계절 1~2급수를 유지할 만큼 맑다. 한여름에 물놀이 겸 찾기에 좋은 곳은 가평읍내에서 상류 쪽으로 달리다가 가평천과 화악천이 만나 합쳐지는 목동삼거리 부근이다. 루어 낚시터로 유명한 화악천은 여기서 가평천에 합류해 북한강으로 달려간다. 마을 앞 냇물에 피라미, 꺽지, 쉬리가 특히 많다.

가평천 원줄기를 따르려면 여기서 명지산 방향 75번 국도로 달린다. 명지계곡을 지나 등산객들이 명지산 나들목을 즐겨 이용하는 익근리 등산로를 오르면 명지산의 여러 계곡 중에서 가장 아름답기로 유명한 익근리계곡을 만난다. 명지산으로 오르지 않고 75번 국도를 계속 따르면 용소폭포와 가마소로 잘 알려진 관청리계곡이 나온다. 가평천에서 으뜸가는 경관으로 손꼽히는 관청리계곡은 가평천에서도 최상류에 해당하므로 금강모치, 미유기 등 냉수성 물고기를 찾아보면 좋다.

대표 생물	새코미꾸리, 돌고기, 쉬리, 피라미, 꺽지 등
들를 만한 곳	목동유원지 앞, 명지산, 익근리계곡, 용소폭포 등
가는 방법	내비게이션 주소: 경기도 가평군 북면 이곡리 (목동유원지)

용추계곡

칼봉산에서 발원해 가평천 하류로 흘러드는 용추계곡은 24킬로미터 구간에 걸쳐 아홉 가지 절경을 품고 있다고 해서 용추9곡이라고도 부른다. 와룡추, 무송암, 고실탄, 일사대, 추월담, 권유연, 농완계 등이 그것이다. 잣나무숲이 우거진 능선과 암벽을 타고 굽이쳐 흐르는 계곡은 곳곳에 천연 수영장 같은 너른 소를 만든다. 상류는 너무 험해 접근하기 힘들지만 곰바위, 미륵바위, 용세수대야바위 등 기암괴석이 몰려 있는 용추폭포 일대는 유원지가 있어 사람들이 많이 찾는다. 용추폭포는 가평읍에서 계곡을 따라 6킬로미터쯤 올라간 곳에 있다. 꼭 폭포까지 가지 않더라도 계곡 길을 오르며 주변에 낙엽더미가 모여 있는 작은 웅덩이 같은 곳에서 돌을 들추면 계곡산개구리나 꼬리치레도롱뇽 같은 계곡 생물들을 만날 수 있다.

용추계곡을 보러 갔다면 경기도립공원으로 지정되어 있는 연인산도 함께 둘러보면 좋다. 다양한 생태해설 프로그램도 준비되어 있으므로 미리 홈페이지를 통해 예약하고 가면 더욱 좋다. 연인산도립공원에서 백둔리 쪽으로 내려가면 텐트 40동을 설치할 수 있는 다목적캠핑장이 나온다. 연인산 등산의 한 기점이기도 한 이곳은 여름철 그 앞 장수골에 물놀이를 즐기러 찾는 사람들이 많다. 한편, 연인이 함께 산에 오르면 사랑이 이루어진다는 전설이 있는 연인산은 봄이면 정상에 얼레지 꽃밭이 펼쳐지고 뒤이어 철쭉 꽃에 온 산이 물들기로 유명하다.

대표 생물	참갈겨니, 미유기, 새코미꾸리, 가는돌고기, 쉬리, 꺽지 등
들를 만한 곳	연인산도립공원, 연인산캠프장, 칼봉산, 칼봉산휴양림, 남이섬 등
가는 방법	내비게이션 주소: 경기도 가평군 가평읍 승안리 308번지 (연인산도립공원) 서울 → 경춘가도(46번 국도) → 가평군청 방향 좌회전 → 북면 작은삼거리에서 좌회전 → 용추계곡
문의	연인산도립공원 홈페이지 yeoninsan.go.kr

내린천

내린천은 강원도 오대산과 계방산 사이에서 발원해 소양강으로 흘러드는 60.8킬로미터의 상류 하천이다. 강원도 홍천군 내면과 인제군 기린면을 관통해 흐른다고 해서 두 지역 이름을 한 글자씩 따서 '내린천'이라고 불렀다. 중간에 소계방산에서 흘러온 계방천, 현리에서 방태천을 만나 함께 손잡고 소양강으로 간다.

명성 높은 내린천 래프팅은 원대리 수변공원에서 출발한다. 여기서 상류 쪽으로 내린천을 내내 끼고 달리는 31번 국도는 드라이브 코스로도 좋은데, 궁동유원지를 지나 본격적인 내린천계곡이 시작된다. 기암괴석을 병풍처럼 세우고 깊게 휜 S자 계곡에는 모래밭도 있고 자갈밭도 있는데 시원하고 맑은 물에서 다양한 물고기가 산다. 곳곳에 유원지, 쉼터, 간이주차장 등이 있어 가족 단위로 물놀이나 낚시를 즐기는 사람들이 많다.

내린천 최상류의 맛을 보고 싶으면 미산계곡으로 가면 된다. 계곡 주위로 숲이 우거지고 넓은 여울이 많으며, 어름치, 배가사리, 참종개, 돌상어 등이 산다. 칡소폭포가 있는 상류로 조금 더 오르면 강원도 오지를 대표하는 '삼둔 오가리' 중 하나인 살둔마을이 나온다. 이 마을에 통나무로 지은 귀틀집이 인상적인 살둔산장이 있다.

	대표 생물	어름치, 쉬리, 꺽지, 열목어, 참갈겨니, 눈동자개, 피라미, 퉁가리 등
	들를 만한 곳	원대리 수변공원, 방태산, 개인산, 삼봉약수, 하추리계곡, 필례약수 등
	가는 방법	내비게이션 주소: 강원도 인제군 인제읍 고사리 (원대리 수변공원) 서울 → 홍천 → 철정검문소 삼거리 → 451번 지방도 → 내촌초등학교 → 상남초등학교 → 미산계곡

아침가리계곡

아침가리계곡은 내린천 최상류에 해당한다. 인제군 현지에서 내린천에 합류하는 방태천의 지류 중 하나이기 때문이다. 아침가리 역시 '삼둔 오가리' 중 하나. 계곡이 워낙 깊어 아침에만 밭을 간다는 뜻으로 예부터 아침가리라고

불렀으며, 지도에는 한자어로 조경동(朝耕洞)이라고 표시한다. 아침가리계곡은 구룡덕봉 기슭에서 발원해 지금은 사람이 거의 살지 않는 조경동을 지나 방동리 갈터마을에서 진동계곡을 막 지나온 방태천과 만난다. 총 길이는 20킬로미터.

계곡 관찰이 가능한 곳은 갈터마을에서 조경동 마을까지 직선거리로는 3킬로미터, 지그재그 이어진 계곡길로는 실제로 8킬로미터쯤 되는 구간이다. 그 위로는 계곡이 워낙 깊고 험준한 데다 산 정상까지 가지 않고는 다른 샛길도 없다. 방동약수터 앞에서 조경동 다리로 넘어가는 비포장 산길이 있긴 하지만 웬만한 승용차로는 접근이 불가능해 보통은 갈터마을에서 계곡 트레킹을 하며 조경동 다리까지 간다.

이 길에서 만나는 계곡 풍광은 매우 원시적이다. 천연 활엽수림에 뒤덮여 여름에도 한기가 도는 계곡에는 바닥까지 투명한 옥빛 소와 소리도 청정한 여울들, 조약돌이 깔린 모래톱 등이 다채롭게 펼쳐진다. 물이 무릎 높이도 안 되는 조경동 다리 앞도 한여름까지 한기가 돌아서 열목어, 금강모치 같은 냉수성 물고기를 만날 수 있다.

대표 생물 | 열목어, 금강모치, 미유기, 쉬리, 참갈겨니, 계곡산개구리 등
들를 만한 곳 | 방동약수, 방태산휴양림, 점봉산, 진동계곡 등
가는 방법 | 내비게이션 주소: 강원도 인제군 기린면 진동리 (갈터마을)
　　　　　　서울 → 홍천 → 철정검문소 삼거리 → 451번 지방도 → 내촌초등학교 → 상남초등학교 → 갈터마을 → 아침가리계곡

두물머리와 운길산

두물머리는 양평 양수리(兩水里)의 우리말 이름으로, 북한강과 남한강의 두 물이 합쳐지는 곳이라는 뜻이다. 지금은 양수리에서도 옛 나루터를 중심으로 한 장소를 가리키며, 위치는 북한강과 남한강이 만나며 생겨난 양수리 꼭짓점

지형에 해당한다. 예전에는 남한강 최상류가 있는 강원도 정선군, 충북 단양군과 한강 하류인 서울 뚝섬, 마포나루를 이어주던 중간 기착지로 매우 번성했지만 팔당댐 완공 후 일대가 그린벨트로 지정되어 나루터 기능도 멈췄다. 그래도 많은 영화와 드라마의 촬영지가 되었던 400년 묵은 느티나무가 있는 자리 앞에 황포돛배 한 척이 드라마틱하게 떠 있다. 낮에는 그래도 심심한 풍경이지만 새벽 물안개가 피어오를 때나 해질 무렵, 그리고 겨울 설경 등이 아름다워 즐겨 찾는 사진 동호인들이 많다.

두물머리 앞은 두 강이 만나는 상징적 의미가 클 뿐 냇물 탐사를 하기에는 좋지 않다. 그보다는 가까운 운길산이나 검단산에 올라 졸졸 흐르는 계곡에서 봄여름에 도롱뇽이나 산개구리, 물속곤충 등을 찾아보면 재미있다. 이제는 수도권 지하철을 타고도 갈 수 있는 운길산은 역에서 내려 등산로로 가는 길에 우리나라 유일의 거미박물관이 있고 수목원으로도 유명한 아라크노피아가 있다. 사계절 다양한 체험 프로그램을 운영하니 아이들과 함께라면 한번쯤 둘러봐도 좋다.

대표 생물	도롱뇽, 북방산개구리, 날도래 애벌레 등
들를 만한 곳	팔당호, 운길산, 아라크노피아 거미박물관, 검단산, 다산유적지, 세미원 등
가는 방법	서울 → 강변북로 양평 방면 → 6번 국도 → 양수대교 → 양수 사거리 우회전 → 두물머리

동강

생태계보전구역으로 유명한 강원도 동강도 장대한 남한강의 일부다. 강원도 태백시 금대봉 북쪽 계곡에서 발원한 물줄기가 정선군 아우라지에서 송천을 만나 조양강을 이루고, 더 내려와 정선 가수리 수미마을에서 지장천을 만나  동강이 된다. 동강이 지나는 강원도 정선군, 평창군, 영월읍 일대는 대표적인 석회암 산악지대로, 깊은 산골짜기를 구불구불 휘어 흐르는 감입곡류와 아찔한 절벽지대인 뼝대가 발달했다. 동강은 한시도 직선으로 흐르지 못하고 50킬로미터를 비틀비틀 달려 영월 하송리에서 평창강을 만나고 남한강을 이룬다.

동강에서 가장 빼어난 곳은 물고기 비늘이 비단같이 빛난다 해서 이름 붙은 어라연이다. 깊숙이 U자를 그리며 달려가는 협곡, 침식 작용으로 생긴 하식애, 급류와 소 등 다양한 하천 지형을 구경할 수 있는 천혜의 보고로, 동강 래프팅도 이 구간을 지난다. 어라연까지는 차 통행이 금지되어 있으므로 걸어서 감상하려면 영월읍 거운교를 지나 반나절 등산 코스를 따르면 된다. 잣봉에 올라 어라연을 굽어보며 강변으로 내려선 뒤, 강변길을 따라 원점까지 돌아오는 코스다. 초록이 짙은 강에는 동강을 수몰 위기로부터 구해낸 천연기념물 어름치를 비롯해 눈동자개, 꾸구리, 돌상어 등이 산다. 특히 동강은 어름치의 최대 서식처로 유명하다. 물이 깊은 데다 동식물 채집이 금지되어 있으므로, 강변을 거닐며 물가식물을 관찰하면 좋다.

- **대표 생물 |** 어름치, 눈동자개, 꾸구리, 돌상어, 동강할미꽃 등
- **둘러 만한 곳 |** 청령포, 영월 책박물관, 영월 곤충박물관, 평창동강민물고기체험관, 백룡동굴 등
- **가는 방법 |** 서울 → 영월 (서울에서 약 250km) → 동강1,2교 → 영월역을 지나 태백방면으로 500m → 사거리 → 9시 방향의 다리를 건너 직진 9.5km → 거운교 → 거운초등학교에서 비포장길을 100m → 우회전하여 산길 3km → 만지동 → 강변 비포장길 2km → 어라연
- **정보 |** 동강생태정보지도시스템 donggang.gwd.go.kr

검룡소

한강의 발원지로 알려진 검룡소는 강원도 태백시에 솟은 금대봉 북쪽에 있다. 깊이를 알 수 없는 석회 암반을 뚫고 하루 2천 톤 가량의 샘물이 솟는데, 사계절 내내 수온 9℃ 정도를 유지할 정도로 서늘하다. 물줄기가 20미터

이상 계단형 폭포를 이루며 울퉁불퉁 흘러가는 모습은 이곳에 얽힌 전설처럼 꼭 이무기가 용이 되기 위해 몸부림을 치는 듯하다. 한강의 발원지를 놓고 제당굼, 고목나무샘 등 금대봉의 다른 샘물들과 함께 논란이 있었지만 1987년 국립지리원이 검룡소를 한강 최장 발원지로 공식 인정했다.

검룡소는 금대봉 등반과 함께 코스를 짜서 돌아보면 좋다. 태백 싸리재에서 시작해 금대봉~분주령~검룡소를 지나는 등산로는 한국의 야생화 트레킹 코스라 해도 부족함이 없을 정도로 봄부터 여름까지 꽃들이 만발한다. 검룡소만 보려면 강릉 방면 35번 국도에서 피재를 넘어 검룡소 주차장을 찾아가면 된다. 여기서 1.3킬로미터 가파른 계단을 걸어 오르면 원시림에 가린 채 모습을 드러내는 검룡소를 만날 수 있다. 단, 검룡소는 갈수기에 물이 말라 물고기가 살지 않고, 한참 아래 내려가서 금강모치, 참갈겨니, 새미 등을 볼 수 있다. 또, 이왕 태백까지 갔다면 시내에 있는 낙동강 발원지 황지 연못도 찾아보고, 금대봉 도깨비도로를 넘어 천연기념물로 지정된 정선 정암사 열목어 서식지에도 들러보자.

대표 생물	열목어, 둑중개, 금강모치 등
들를 만한 곳	금대봉, 정암사, 황지연못, 석탄박물관, 태백산도립공원 등
가는 방법	내비게이션 주소: 강원도 태백시 창죽동 산1-1 외

금강천

금강_충청남도와 전라북도의 경계를 지으며 서해로 빠져나가는 강.
가장 긴 발원지는 무주구천동과 영동 양산팔경 등을 거슬러
전북 장수군 장수읍에 있다.
남한에서는 한강, 낙동강에 이어 세 번째로 길다.

길이

394.79킬로미터

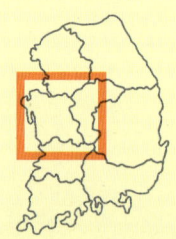

백마강

백마강은 충남 부여군을 지나는 금강 구간을 부르는 이름이며, 금강 하류에 해당한다. 구체적으로는 부여군 규암면 호암리에 있는 천정대에서 시작해 낙화암, 조룡대, 구드래 나루터, 부산과 대재각, 수북정과 자온대, 맞바위, 세도면 반조원리에 이르는 약 16킬로미터 구간을 말한다.

백제의 도읍을 가로지르며 일본, 신라, 당나라, 서역에 이르도록 문물교역의 큰 길목이 되었던 백마강에서 나루터는 이제 관광상품일 뿐이지만 주변에 옛 백제를 돌아볼 수 있는 역사유적지와 박물관 등이 몰려 있어 역사문화 여행객들이 즐겨 찾는다. 그 중 부소산 동쪽 기슭이 깎여나가며 생겨난 절경지인 낙화암은 백제 말 의자왕 때 삼천궁녀가 강으로 떨어져 죽었다는 전설로 유명하다. 유람선을 타고 낙화암과 수북정, 옛 구드래 나루터, 수북정까지 돌아볼 수 있다.

냇물 탐사를 위해서는 백마강으로 흘러드는 작은 지류를 찾아 관찰하면 좋다. 백제교 앞으로 흘러드는 작은 냇물, 그리고 백마강교 위쪽에서 합류하는 지천 등을 거슬러 오르며 적당한 포인트를 찾으면 된다. 백마강 본류에서는 붕어, 잉어, 동자개, 가시납지리 등이 살며, 지천에서는 법적 보호종인 미호종개(천연기물, 멸종위기종)와 흰수마자(멸종위기종)를 볼 수 있다. 특히 지천을 따라 계속 오르면 칠갑산 남쪽 기슭의 아름다운 계곡, 지천구곡까지 이어진다.

	대표 생물	미호종개, 흰수마자, 가시납지리, 붕어, 잉어 등
	들를 만한 곳	낙화암, 영일루, 궁남지, 부소산성, 국립부여박물관, 구드래조각공원, 칠갑산 등
	가는 방법	내비게이션 주소: 충청남도 부여군 부여읍 구교리 (구드래조각공원 앞)

동학사 · 갑사계곡

부여 백마강의 상류는 백제의 또 다른 수도였던 공주로 이어진다. 무령왕릉과 공산성이 있는 공주시 앞에 금강이 도도히 흐르는데 물 환경은 백마강과 비슷하다. 공주시에서는 그보다 멋진 계곡을 찾아 오르면 좋다. 대전 충남지역에서 폭넓게 사랑받고 있는 계룡산이 공주에 있다. 7개의 계곡 중 명 사찰을 끼고 있는 동학사계곡과 갑사계곡은 각각 계룡8경에 들 정도로 맑고 아름답다. 예부터 '춘(春) 동학, 추(秋) 갑사'라 불렀을 만큼 동학사계곡은 신록이 물드는 봄 풍경이 좋고, 갑사계곡은 단풍 빛이 아름답기로 이름이 나 있다.

계룡산의 동쪽과 서쪽 기슭에 각각 자리 잡고 있는 동학사와 갑사는 반나절 등산 코스로 한 번에 엮어서 다녀오면 좋다. 동학사계곡을 지나 동학사~오뉘탑~금잔디고개~용문폭포로 내려서며 갑사계곡을 둘러보고 갑사로 내려가면 된다. 동학사계곡은 물이 풍부하고 빛도 많이 드는 편으로, 너른 소에 버들치가 유난히 많다. 갑사계곡은 그늘이 깊어 여름에도 서늘하고, 용문폭포 밑으로는 물놀이하기 좋은 여울과 작은 소들이 많다. 이쪽 계곡도 버들치가 무척 많아 물의 절반은 물고기다 싶을 정도이고 가장자리 돌을 들추면 가재, 도롱뇽, 날도래 애벌레 등을 만날 수 있다.

🐟	**대표 생물 l**	버들치, 참갈겨니, 가재, 강도래 애벌레, 날도래 애벌레 등
〰️	**들를 만한 곳 l**	동학사, 갑사, 오뉘탑, 계룡산자연사박물관, 유성온천 등
🚗	**가는 방법 l**	내비게이션 주소: 충남 공주시 반포면 온천리 789 (동학사) 서울 → 중부고속도로 → 호남고속도로 유성IC → 공주 방면 32번 국도 → 박정자 삼거리 → 동학사

미호천

미호천은 충북 음성군 보현산 북쪽 계곡에서 발원해 충북 진천군과 청원군, 충남 연기군을 거쳐 금강에 흘러드는 길이 37.5킬로미터의 물줄기다. 미호천(美湖川)이라는 한자 뜻 그대로 '아름다운 호수를 이루면서 흐르는 냇물'이

다. 우리나라 고유종이면서 멸종 위기에 있는 미호종개의 서식지로 특히 유명한데, 1984년에 이곳에서 처음 발견되어 이름에 '미호'가 붙었다. 얼핏 보면 참종개와 비슷하게 생겼지만 몸이 더 가늘고 길며, 세로 줄무늬가 아닌 둥근 갈색 반점 무늬가 길게 이어진 점이 다르다. 금강 수계에서도 미호천에 가까운 지천, 유구천, 갑천, 초평천 등 한정된 지역에서만 간혹 발견된다.

냇물 탐사를 위해서는 진천군 평산리 평사마을에서 연담리 소두머니에 이르는 구간이 좋다. 평사십리라 할 만큼 장관을 이루는 금모래밭 가운데로 맑은 냇물이 굽이굽이 흐르고, 주변으로 모양도 독특한 암석바위들이 특별한 풍광을 만든다. 마치 소가 누운 모양이라는 소두머니는 물이 깊고 좌우에 기암괴석이 마주보고 있는데, 전설에 따르면 두 바위 밑에 용들이 살고 있어 가뭄 때 이곳에서 기우제를 지내면 효험이 있다고 한다.

진천을 떠난 미호천은 증평에서 흘러온 보강천을 만나 더 큰 물줄기를 이루어 청주시로 흘러간다. 그러나 현재 미호천에서는 미호종개를 거의 찾아보기 힘들다.

	대표 생물	피라미, 모래무지, 누치, 점줄종개 등
	들를 만한 곳	진천공예마을, 상당산성, 만뢰산자연생태공원, 진천종박물관 등
	가는 방법	내비게이션 주소: 충청북도 진천군 초평면 연담리 (소두머니) 충청북도 진천군 문백면 은탄리 산3 (충북학생종합수련원)

갑천

갑천은 금강의 제1지류로서, 충남 금산군 대둔산에서 발원해 대전을 향해 북쪽으로 흐른다. 총 길이는 길이 73.7 킬로미터.

갑천이 흐르는 대전 중심부에는 시민들의 쉼터로 사랑받는 월평공원이 있다. 공원은 갑천과 유등천 사이 도솔산과 그 주변에 넓게 조성되어 있는데 희귀 동식물이 많이 살아 환경부에서 생태계 보호구역 지정을 추진하고 있다. 공원 앞을 흐르는 냇물도 국토해양부가 지정한 '한국의 아름다운 하천 100선'에 선정되었을 만큼 생태계가 잘 보전되어 있는데, 멸종위기종인 미호종개를 비롯한 우리나라 고유 물고기 10여 종의 산란장과 서식처로 이용되고 있다. 냇물 가장자리에서 개구리, 두꺼비도 만날 수 있고, 도솔산 계곡에는 도룡뇽, 맹꽁이도 산다.

공원에서 상류로 더 올라가면 계룡산에서 발원한 두계천을 만난다. 이 물줄기를 따라 나오는 마을 원정동은 영화 〈클래식〉에서 주인공들이 다리 위에서 반딧불을 잡는 장면을 촬영한 곳이다. 굽이굽이 휘어진 물길은 여울과 소, 모래밭 등 자연스러운 하천 풍경을 만들어내고, 맑은 물에 참종개, 납지리, 점줄종개, 돌고기, 밀어 등 다양한 물고기가 헤엄쳐 다닌다. 영화 속에서처럼 아니지만 한여름 저녁에는 늦반딧불이의 불빛도 구경할 수 있다. 냇물 관찰을 위해서는 두계천이 갑천에 합류하는 지점과 그 주변이 모두 좋다.

- **대표 생물** | 미호종개, 참종개, 납지리, 점줄종개, 감돌고기, 밀어 등
- **들를 만한 곳** | 장태산자연휴양림, 유성온천, 국립중앙과학관, 엑스포과학공원 등
- **가는 방법** | 내비게이션 주소: 대전 서구 월평동 월평공원 / 대전 서구 원정동 (원정교)

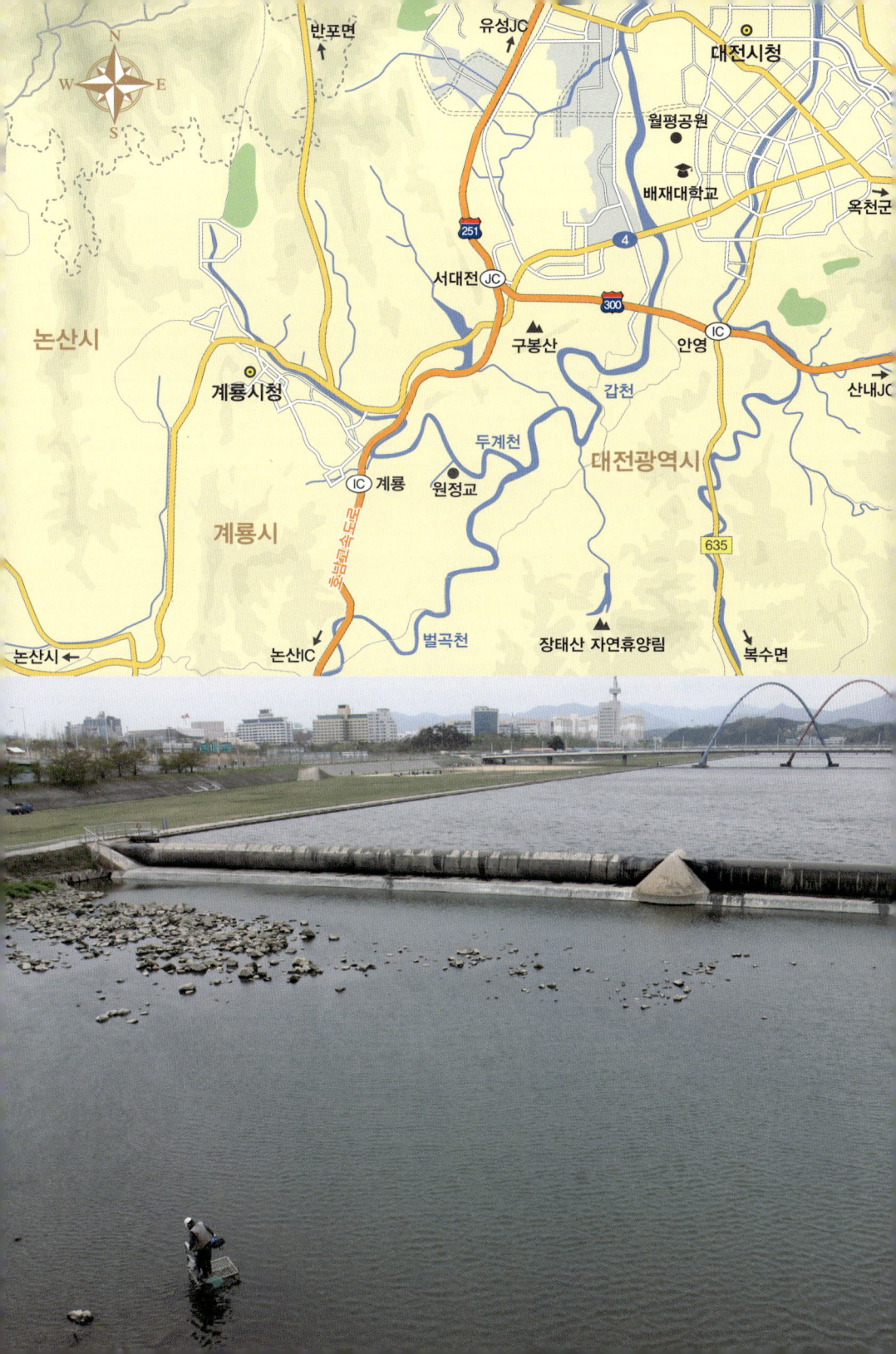

구천동계곡

　구천동계곡은 덕유산 향적봉에서 발원해 과거 신라와 백제의 경계에 위치한 나제통문을 지나 금강의 한 지류인 남대천에 합류한다. 나제통문이 있는 설천까지의 28킬로미터 계곡을 흔히 '무주구천동'이라고 부른다. 구천동계곡은 울창한 산림과 바위, 계류가 어우러져 빼어난 계곡미를 뽐내며, 백련담, 구천폭포, 청류동, 인월담 등 수려한 구천동 33경 대부분이 이 계곡과 어우러져 있다.

　계곡 최상류를 보고 싶다면 무주구천동에서 덕유산 등산로를 따라 정상 가까이에 있는 백련사까지 오르면 된다. 구천동 골짜기에 있는 유일한 사찰로 계곡과 어우러진 주변 경치가 매우 수려하다. 구천동계곡은 금강 수계에서 유일하게 금강모치가 사는 곳이다. 금강모치는 한강 최상류 계곡에서 흔히 볼 수 있는 물고기지만 금강 수계에서는 산이 높고 계곡이 깊다는 '무진장'(무주, 진안, 장수군) 어느 계곡에도 살지 않고 구천동계곡에만 산다.

　잘 알려져 있다시피 구천동계곡 대부분은 덕유산국립공원에 묶여 있어 도구를 사용한 채집 관찰을 하면 안 된다. 아쉬우면 덕유산국립공원 매표소 입구를 벗어나 설천면사무소에 이르는 구간에서 적당한 곳을 찾아볼 수 있다. 마을과 함께 달리며 조금 오염되기는 했지만 이 역시 금강 최상류에 해당한다.

	대표 생물	금강모치, 버들치, 미유기, 산천어(방류한 일본 종) 등
	들를 만한 곳	덕유산, 덕유산오토캠핑장, 백련사, 무주리조트, 무주 머루와인동굴, 반디랜드 등
	가는 방법	내비게이션 주소: 전북 무주군 설천면 두길리 (구천동계곡) 대진고속도로 무주IC → 37번 국도 → 무주읍내 → 설천 → 무주구천동(덕유산국립공원) 입구

낙동강권

낙동강 _ 한반도에서 압록강 다음으로 긴 강.
강원도 태백시 함백산 기슭의 황지 연못에서 발원해 안동,
예천, 상주, 대구 등을 지나며
여러 지류를 모아 남해로 빠져나간다.

길이

506.17킬로미터

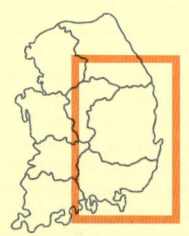

남강

　남강은 경상남도 남부를 흐르며 진주시를 관통하는 낙동강의 한 지류다. 원류는 함양군 남덕유산에서 발원한 남계천으로, 진양호에서 남강댐을 거친 뒤부터 낙동강에 흘러들기까지를 남강이라고 부른다. 진주 시내를 가로지르는 남강 변에는 진주성과 촉석루, 국립진주박물관 등 역사문화 관광지들이 몰려 있고, 논개가 왜장을 끌고 안고 떨어져 죽었다는 의암도 있다. 그 밑으로 남강 유람선이 떠다니고 밤에는 아름다운 음악분수가 화려한 모습을 드러낸다. 남강 다리에는 교각마다 논개의 가락지를 상징하는 두 개의 고리가 있고, 매년 10월에는 임진왜란 때 진주성 전투를 기념하는 진주남강유등축제도 열린다.

　남강 상류에 있는 진양호는 댐으로 가둔 물이기는 하지만 이리로 흘러드는 경호강, 덕천강이 모두 맑아 상수원으로 활용되고 있으며, 물고기가 풍부해 멸종위기종 수달도 산다. 진양호에는 물문화관과 동물원이 있으므로 아이들과 함께 찾아가기에 적당하다. 냇물 관찰을 위해서는 상수원보호구역인 진양호와 진주시내보다는 더 하류로 내려가서 적당한 곳을 찾는 것이 좋다. 진주시내를 벗어난 남강은 뱀이 몸부림치며 기어가듯 굽이굽이 흘러 함안군과 의령군을 경계 짓고 있으므로 군 경계지 주변 마을에서 어느 곳을 선택해도 괜찮다.

대표 생물 | 왕종개, 꼬치동자개, 얼룩새코미꾸리, 뱀장어 등
들를 만한 곳 | 진주성, 촉석루, 국립진주박물관, 진양호 등
가는 방법 | 내비게이션 주소: 경남 진주시 본성동 (촉석루)

대원사계곡

진양호로 흘러드는 덕천강의 발원지는 지리산이다. 지리산의 주봉인 천왕봉에서 솟아난 천왕샘과 산희샘 등 여러 물줄기가 모여 대원사계곡을 이루고 산 아래로 내려가서 덕천강이 된다. 그래서 덕천강을 지리산 12동천 중 하나로 부른다.

지리산 동쪽 기슭, 경남 산청군 유평리에 속해 있는 대원사는 해안사의 말사로 대표적인 참선 도량이다. 지금은 차로 대원사 입구를 지나 하늘 아래 첫 마을이라는 새재마을까지 갈 수 있지만 1960년대까지만 해도 화전민들만 숨어 살던 첩첩산중이었다. 골짜기가 하도 깊어 일제 때는 항일의병의 은신처였고, 한국전쟁 뒤에는 낮에는 국군의 땅이었다가 밤에는 빨치산의 은거지가 되곤 했던 현대사의 무대다.

대원사계곡은 지리산 천왕봉에서부터 중봉과 하봉을 거쳐 쑥밭재, 새재, 왕등재, 밤머리재, 웅석봉으로 이어지는 산자락 곳곳에서 발원해 약 12킬로미터를 흐른다. 새재와 외곡마을을 지나면서는 물이 꽤 풍부해지고, 대원사 앞에서부터 본격적인 계곡미를 펼쳐 보인다. 산을 오르다 잠시 앉아서 쉬기 좋은 너럭바위들과 맑고 찬 계류, 울창한 숲그늘이 어우러져 유홍준의 〈나의 문화유산 답사기〉에서 남한 제일의 탁족처(濯足處)라고 소개했을 정도다. 봄에는 산철쭉, 가을에는 단풍으로 유명하며, 사계절 거울처럼 맑은 물속 세상을 들여다볼 수 있다. 지리산국립공원에 속해 있어 생물 채집은 금지다.

- **대표 생물 |** 꺽지, 자가사리, 참갈겨니 등
- **들를 만한 곳 |** 대원사, 왕등재습지, 새재마을, 칠선계곡, 지리산 둘레길 등
- **가는 방법 |** 내비게이션 주소: 경남 산청군 삼장면 유평리 1번지 (대원사계곡)

내성천

내성천은 봉화군 물야면 선달산 남쪽 계곡에서 발원해 영주, 예천을 지나는 낙동강의 제1지류다. 예천군 풍양면 삼강리까지 장장 109.5킬로미터를 내달리고, 안동시를 지나온 낙동강에 합류한다. 낙동강이 영남의 젖줄이라면 내

성천은 예천의 젖줄이라 할 정도로 예천에 이르러서야 제법 강다운 풍모를 보인다. 물길이 휘어지는 굴곡마다 은빛 백사장을 펼쳐 보일 만큼 아름다운 모래하천으로서 모래 바닥을 좋아하는 민물고기들을 다양하게 만날 수 있다.

예천은 안동에 버금가는 역사문화의 고장으로 내성천을 따라 다산 정약용의 흔적을 찾아볼 수 있고, 함양 박씨, 안동 권씨, 한양 조씨, 진성 이씨, 동래 정씨, 청주 정씨, 축산 전씨 등 유서 깊은 집성촌도 많다. 여유 있게 굽이쳐 흐르는 하천의 풍광도 안동과 비슷해서 유명한 하회마을처럼 강물이 동그랗게 마을을 휘감고 돌아가는 회룡포가 있다. 의성포마을이라고도 불리는 회룡포는 맑은 물과 넓은 백사장, 섬 같은 마을이 어우러져 하천 절경의 진수를 보여준다. 인기 드라마 〈가을동화〉의 초기 배경이 이곳 회룡포와 인근 용궁면을 중심으로 해, 알음알음 찾아오는 여행객도 많은 편이다. 가까운 비룡산에 오르면 회룡포의 절경을 한눈에 내려다볼 수 있다.

대표 생물 | 흰수마자, 수수미꾸리, 왕종개, 모래무지, 뱀장어, 붕어, 메기 등
들를 만한 곳 | 회룡포, 비룡산, 삼강주막, 예천천문우주센터, 하회마을, 병산서원 등
가는 방법 | 내비게이션 주소: 경북 예천군 용궁면 대은리 950 (회룡포)

동해천

전형적인 동고서저 지형을 띤 우리나라는 동해로 빠져나가는 물줄기들이 유독 짧고 경사도 급하다. 아무리 길어야 60킬로미터 정도. 백두대간의 가파른 산등성이를 따라 흐르느라 하구 일부를 제외하고는 전체가 상류나 중상류 냇물의 특성을 띤다.

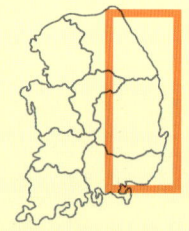

양양 남대천

강원도 강릉시와 양양군을 북동 방향으로 흐르는 하천이다. 강릉 경포대 아래로 빠지는 강릉 남대천도 있고, 북한 동해안에도 남대천이라는 이름의 강들이 있어 '양양 남대천'이라고 정확히 불러야 한다. 강릉 두로봉 동쪽 계곡에

서 발원해 양양읍에서 후천과 만나 동해로 빠지며 전체 길이는 54킬로미터다. 동해로 빠지는 하천들이 대부분 그렇듯 바다와 맞닿는 하구는 강과 바다를 오가며 사는 회유성 물고기들의 서식처이며, 특히 양양 남대천은 연어가 돌아오는 강으로 유명하다. 하구에 있는 양양연어사업소(구 영동내수면연구소)에서 연어 치어를 생산하는 모습도 탐방할 수 있다.

양양 남대천의 최상류를 보고 싶으면 빼어난 계곡미로 유명한 어성전, 법수치, 부연동계곡을 차례로 오르면 된다. 어성전은 '물고기밭'이라는 이름 뜻 그대로 물고기가 정말 많다. 법수치계곡은 영화 〈흐르는 강물처럼〉의 한 장면처럼 넓고 잔잔한 계곡이 펼쳐져 있어 루어낚시로 산천어를 낚으려는 사람들이 곧잘 찾는다. 이들 계곡 중에서도 가장 상류에 있는 부연동계곡은 산촌체험마을 부근 개울가 솔밭에 중대형 텐트 200동이 들어갈 수 있는 캠프장이 조성되어 있어 사계절 꾸준히 사람들이 찾아온다. 여름에는 물 맑은 가마소계곡에서 물놀이를 즐기기도 좋다.

	대표 생물	연어, 황어, 산천어, 큰가시고기, 칠성장어, 북방종개, 꾹저구, 검정망둑, 버들개 등
	들를 만한 곳	부연동계곡, 법수치계곡, 어성전계곡, 양양연어사업소 등
	가는 방법	내비게이션 주소: 강원도 양양군 현북면 법수치리 (법수치계곡) 서울 → 홍천 → 인제 → 44번 국도 → 한계령 → 양양읍 → 서면 내현리 → 현북면 → 어성전 → 법수치 → 부연동계곡

왕피천

왕피천은 경북 영양군과 울진군을 북동쪽으로 흘러 동해로 빠져나가는 강이다. 영양군 금장산 서쪽 계곡에서 발원해 서쪽으로 흐르다가 신원리에서 물길을 북동쪽으로 바꾸기까지는 장수포천이라 부르며, 울진군 서면 왕피리를 지나면서부터 왕피천이라고 부른다. 무공해 청정마을로 알려진 왕피리와 왕피천 주요 구간, 그리고 주변의 산간지역은 우리나라 최대 규모의 생태경관보전지역으로 지정되어 있다. 전체 면적만 102.8제곱킬로미터로 북한산국립공원의 1.3배에 이른다. 1989년 이후 전국적으로 29곳의 생태경관보전지역이 지정되었는데, 그 중 왕피천 생태경관보전지역이 차지하는 비율이 전체 면적의 40퍼센트에 달할 정도다.

왕피천의 상류부터 중류까지는 산간협곡을 이루어 평지가 거의 없지만 최근에 나무 데크를 놓은 계곡 트레킹 코스가 마련되어 그 수려함을 쉽게 접할 수 있게 되었다. 주로 굴구지마을까지 차를 타고 가서 트레킹을 시작하며, 여기서 1시간 남짓 거리에 있는 용소를 헤엄쳐서 건너면 왕피마을까지 계속 걸어오를 수 있다. 하지만 용소까지도 충분히 멋진 계곡과 산길, 마을길이 이어지므로 보통은 용소에서 원점으로 회귀한다.

대표 생물		황어, 은어, 참갈겨니, 돌고기, 점몰개, 자가사리, 동사리, 꾹저구 등
들를 만한 곳		경상북도 민물고기생태체험관, 성류굴, 망양해수욕장, 불영계곡, 죽변항, 소광리 금강소나무숲 등
가는 방법		내비게이션 주소: 경북 울진군 근남면 구산3리 (굴구지마을) 서울 → 경부고속도로 → 영동고속도로 → 중앙고속도로 → 풍기IC → 신전교차로 → 옥천삼거리 → 왕피천

태화강

태화강은 울산광역시를 동서로 가로질러 흐르는 강이다. 울산 서쪽 산지에서 발원해 동으로 흘러 울산만을 거쳐서 동해로 빠져나간다. 도시가 전통적으로 이 강을 중심으로 발전해 왔기 때문에 태화강은 울산을 상징하는 존재

다. 중구 다운동과 남구 무거동을 잇는 삼호교에서 하구까지는 국가하천으로 지정, 관리하고 있다.

태화강 중류 경승지로 유명한 십리대밭 주변에는 태화강생태공원이 조성되어 있다. 천연 대나무숲과 습지, 새들의 서식지, 수로 등을 그대로 살려 시민들의 휴식처이면서 자연학습장으로 활용하고 있다. 상류에서는 해마다 새끼 연어를 방류하고 회귀하는 개체 수를 파악해 수질 개선의 척도로 삼고 있다. 2003년에 처음 연어 5마리가 회귀한 뒤로 해마다 수가 늘고 있다. 지금은 연어 외에도 황어, 은어 등 다양한 회유성 물고기가 찾아온다.

태화강 상류가 궁금하다면 강줄기를 따라 언양읍과 상북면으로 이어지는 원류를 찾아봐도 좋다. 태화강의 발원지 중 하나인 가지산 기슭에서 냇물 관찰 후 탄산유황온천을 즐길 수 있다. 아니면 국보 제285호로 지정된 반구대암각화도 구경할 겸 사연호 북쪽에 있는 각석계곡을 찾아도 괜찮다.

대표 생물 | 연어, 황어, 버들치, 자가사리, 밀어, 누치, 피라미 등
들를 만한 곳 | 태화강생태공원, 반구대암각화, 각석계곡, 통도사, 가지산, 장생포고래박물관 등
가는 방법 | 내비게이션 주소: 울산광역시 중구 태화동 (태화강생태공원)
정보 | 태화강 홈페이지 taehwagang.ulsan.go.kr

체험학습 여행지

민물고기를 비롯한 냇물 생물의 생태에 관해 체계적으로 배우고
체험할 수 있는 공간이 전국에 몇 군데 있다.
전시관이 실내에 있어 아이들 손을 잡고 사계절 찾아가기에 좋다.
냇물 여행 가는 길에 들러보면 더 풍부한 경험을 쌓을 수 있고
체험학습 보고서를 꾸미는 데도 크게 도움된다.

중앙내수면연구소

국립수산과학원에서 운영하는 중앙내수면연구소는 수도권에서 가까운 경기도 가평군에 있다. '내수면'이란 바다가 아닌 내륙의 강과 호수 등을 말하며, 내수면 생태연구소는 그곳에 사는 각종 어패류와 수생식물 등을 연구한다. 양식기술 개발과 인공 번식 등을 통해 우리나라 고유 물고기를 냇물에 방류하기도 하며, 천연기념물인 황쏘가리도 이곳에서 최초로 인공 번식에 성공했다.

중앙내수면연구소는 연구시설 외에 민물고기 전시실과 박제실, 사육시설, 생태저수지 등을 갖추고 어린이 교육 등을 위한 일반인 관람 신청을 받고 있다. 각종 문헌과 물고기 박제, 그리고 살아있는 물고기를 통해서 우리나라 고유 민물고기의 생태와 서식 현황 등을 파악할 수 있고, 사전에 예약한 경우 가까운 조종천에서 민물고기 채집 체험도 할 수 있다.

관람시간	3~10월은 오전 10시~오후 6시, 11~2월은 오전 10시~오후 5시. 일요일과 법정공휴일은 휴관
관람료	무료
주소	경기도 가평군 청평면 강변로 65
문의 예약	(031)589-5114, www.nfrdi.re.kr 접속 후 '지역연구소'→'중앙내수면연구소' 클릭

경기도민물고기연구소

용문사 가는 길에 있는 경기도 민물고기연구소는 1989년 개장해 수도권의 민물고기 양식 연구와 멸종위기에 처한 우리나라 민물고기의 보호에 많은 노력을 기울여 왔다. 특히 2003년 7월에는 살아있는 자연을 직접 체험할 수 있는 생태학습관을 건립해 자연과 인간의 공존에 관한 인식을 심어 주는 데에 앞장서고 있다.

생태학습관에는 우리나라에서 이미 멸종되어 시베리아와 러시아에서 들여온 철갑상어를 비롯해 황쏘가리, 어름치, 무태장어, 미호종개, 감돌고기, 꼬치동자개 등 천연기념물, 멸종위기종 및 고유종을 포함한 민물고기 70여 종이 실제 물속환경 그대로 전시되어 있다. 야외에도 사육지가 있어 물이 어는 겨울만 아니면 견학 후 물고기 먹이주기 등 다양한 체험을 할 수 있다. 개인과 가족 단위는 사전예약 없이 방문 가능하며 40명 이상 단체일 경우는 홈페이지를 통해 예약해야 한다.

관람시간	오전 10시~오후 5시. 매주 월요일 및 명절 당일은 휴관
관람료	무료
주소	경기도 양평군 용문면 상광길 23-2
문의 예약	(031)8008-6521 http://fish.gg.go.kr

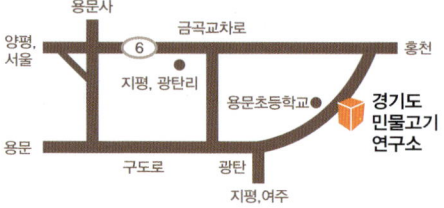

평창 동강 민물고기생태관

평창 동강 민물고기생태관은 동강댐 백지화 이후 생태계보전지역으로 지정된 동강의 아름다운 자연생태를 알리고 다양한 수생 동식물을 보전·유지하기 위해 2003년부터 90억 원을 들여 건립되었다. 1만 평방미터의 대지에 지하 1층, 지상 2층 규모로 조성된 생태관에서 우리나라 고유 민물고기 17종이 살고 있는 동강의 물속 생태를 생생하게 체험할 수 있다. 생태관과 가까운 곳에 천연기념물 제260호로 지정된 백룡동굴도 개방되어 있어 복합적인 자연체험학습 여행지로 그만이다.

생태관 1층에는 민물고기의 기원과 형성 과정을 보여주는 민물고기 형성관, 민물고기 46종을 자연 상태와 비슷한 수조에 담아 전시한 민물고기 자연관, 동강 주변의 생태계와 먹이사슬을 디오라마 형태로 보여주는 동강 생태관이 있다. 2층에는 물고기를 직접 만지고 놀며 물속 생태계에 관해 공부할 수 있는 물고기 탐험관과 뗏목 체험을 할 수 있는 동강 체험관이 있고, 여름에는 야외에 있는 대형 수조에 들어가 손으로 물고기 잡는 체험을 할 수 있다.

관람시간	오전 9시~오후 6시, 매주 월요일 및 명절 당일은 휴관
관람료	어른 2천 원, 어린이 1천500원
주소	강원도 평창군 미탄면 마하리 324
문의 예약	(033)330-2138~40, fish.maha.or.kr
약도	161쪽 동강 소개 참조

양양연어사업소

연어의 강으로 알려진 양양 남대천 하구에 있는 국립수산진흥원 양양연어사업소는 연어를 비롯해 산천어, 열목어, 송어 등의 치어를 생산, 동해안 일대 하천에 방류하고 있다. 연어가 돌아오는 가을에 찾아가면 연어 포획장에서 연구원들이 연어를 잡아 알을 받고 인공수정하는 과정을 관람할 수 있다. 이는 연어 알을  치어로 키워서 다시 강에 방류하기 위한 작업으로, 10월 중순부터 11월 하순까지는 보통 오전 9시 30분에서 11사이에 관람이 가능하다.

연구소에는 이밖에도 사계절 언제든지 관람 가능한 연어 생태 전시실이 있다. 양양 남대천에서 태어난 연어가 물길을 따라 바다로 나갔다가 성장 후 강으로 거슬러 올라와 새로운 생명을 낳기까지의 전 생애를 볼 수 있으며, 남대천에 사는 다른 민물고기 표본들도 구경할 수 있다. 또한 단체 관람자들은 미리 신청하면 '연어의 일생'을 주제로 한 VTR 영상도 보여준다.

관람시간	전시실은 사계절 개방 연어체포 관람은 10월 중순~11월 하순에 가능
관람료	무료
주소	강원도 양양군 손양면 송현리 424-1
문의 예약	(033)672-4180
약도	187쪽 양양 남대천 소개 참조

경상북도 민물고기생태체험관

경상북도 울진에 자리한 민물고기연구센터는 1999년 우리나라 최초로 살아

있는 민물고기를 전시한 생태체험관을 운영해 왔다. 2006년 리모델링을 통해 100여 평 규모로 새로 문을 열었으며, 외국산을 포함해 모두 119종 4천400여 마리의 물고기를 실물 그대로 전시하고 있다.

울진에 있지만 이름은 경상북도 민물고기생태체험관으로, 가까운 왕피천뿐 아니라 백천계곡, 안동호, 연안습지 등 낙동강 수계의 대표적인 하천 환경을 재현해 그곳에 사는 민물고기 생태를 실제처럼 보여주고 있는 것이 특징이다. 우리가 꼭 지켜야 할 천연기념물 및 멸종위기종 Ⅰ·Ⅱ급 민물고기들을 따로 모아 전시하고, 산간계곡과 상류, 중류, 하류 등 하천별 물고기 서식 환경도 살펴볼 수 있게 했다. 야외에는 비단잉어, 산천어, 황어 등이 사이좋게 헤엄쳐 다니는 대형 수조가 있고, 물고기 잡기와 먹이 주기 등 체험학습을 위한 공간도 따로 마련해 놓았다.

관람시간ㅣ 3~10월 오전 9시~오후 6시
　　　　　 11~2월 오전 9시~오후 7시. 월요일, 명절에는 휴관
관람료ㅣ 어른 3천 원, 어린이 1천500원
주소ㅣ 경상북도 울진군 근남면 행곡리 228
문의 예약ㅣ (054)783-9413~4, www.fish.go.kr
약도ㅣ 189쪽 왕피천 소개 참조

내수면양식연구센터

경남 진해시에 있는 내수면양식연구센터는 낙동강 수계의 민물고기들을 관찰할 수 있는 전시관을 갖추고 있으며, 사계절 피는 꽃이나 단풍 구경을 하기에도 좋은 저수지 산책로를 끼고 있어 가벼운 나들이로 다녀올 만하다. 개인은 예약 없이도 방문 가능하며, 단체는 미리 예약하면 담수지 주변의 숲 체험 및 야외 관찰을 통해 숲과 자연을 접할 수 있는 다양한 체험 기회를 가질 수 있다.

실내에 있는 수족관에는 가시고기, 각시붕어, 종어, 산천어, 쏘가리, 쉬리, 퉁가리, 참게 등 민물에서 사는 천연기념물 및 멸종위기 물고기, 관상어 등 60여 종의

민물고기들이 실제 사는 모습대로 전시되어 있다. 야외 사육지에는 붕어, 잉어가 노닐고 가까운 저수지에는 부들, 부레옥잠, 물배추 등 수중정화식물이 다양하게 자라고 있으며 물고기 먹이 주기 체험도 할 수 있다.

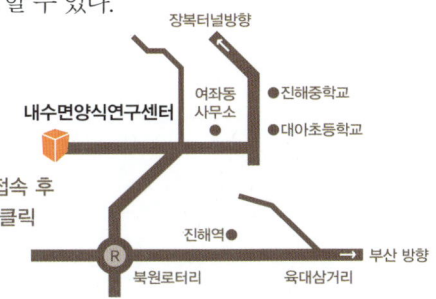

관람시간	화~금요일 오전 9시~오후 5시
	월, 토요일, 공휴일은 휴관
관람료	무료
주소	경남 진해시 여좌동1가 5777-1
문의 예약	(055)540-2780, www.nfrdi.re.kr 접속 후
	'지역연구소'→'내수면양식연구센터' 클릭

장생포고래박물관

옛 고래잡이 전진기지였던 울산 장생포에 고래박물관이 있다. 태화강이 동해에 흘러드는 하구에 있으므로 함께 다녀오기 좋다. 장생포고래박물관은 1986년 고래잡이 금지 이후 사라져 가는 포경 유물을 수집, 보전, 전시하고 고래와 관련한 다양한 해양관광 자원을 개발한다는 목표 아래 2005년 5월에 개관했다. 이후 돌고래 다

섯 마리를 볼 수 있는 고래생태체험관이 생기고, 울산 앞바다에 나가 돌고래 출몰을 관찰하는 여행선 체험 등이 개발되어 박물관이 있는 장생포는 고래관광특구로 거듭났다.

고래박물관 외부에는 1985년까지 진짜 고래를 잡았던 포경선이 복원 전시되어 있다. 실내에 들어가면 고래의 생태와 진화, 고래와 사람의 비교체험, 고래 뱃속 길을 탐험할 수 있는 어린이체험관이 있다. 2층 포경고래관에는 길이 12미터가 넘는 브라이브고래 골격과 범고래 골격, 다양한 고래들의 두골 표본이 전시되어 있고, 귀신고래들이 내는 신기한 소리도 들을 수 있다.

관람시간	오전 9시 30분~오후 6시
	매주 월요일, 1월 1일 및 명절 당일은 휴관
관람료	어른 2천 원, 어린이 1천 원(고래생태체험관, 4D영상관 등은 별도)
주소	울산 남구 매암동 139-29
문의 예약	(052)256-6301~2, www.whalemuseum.go.kr
약도	191쪽 태화강 소개 참조

우리나라에 사는 민물고기

지구에는 2만 8천여 종의 물고기가 산다고 알려져 있다. 그 중에 강과 냇물, 계곡 등에 사는 민물고기는 1만 2천여 종이다. 우리나라에는 외래종을 포함해 모두 212~222종의 민물고기가 산다. 여기에는 민물과 바다를 오가며 사는 회유성 물고기도 포함되어 있다. 순수하게 민물에 사는 종만 고르면 육봉형을 포함해 130여 종이다.

민물고기의 종류

순수 민물고기 일생을 민물에서만 산다.

회유성 물고기 바다와 민물을 오가거나 두 물이 섞인 곳에서 산다.

소하성(강오름성) 물고기:
바다에서 살다가 냇물로 올라와 알을 낳는다. 새끼들은 태어나면 다시 바다로 간다.
예) 연어, 황어, 칠성장어, 큰가시고기 등

강하성(강내림성) 물고기:
냇물에서 살다가 바다로 가서 알을 낳는다. 새끼들은 태어나면 다시 냇물로 돌아온다.
예) 뱀장어, 무태장어 등

양측 회유성 물고기:
민물과 바다를 자유롭게 오가거나 두 물이 섞인 곳에서 산다.
예) 망둥어 종류, 전어, 은어, 숭어, 농어 등

육봉형 물고기 원래는 소하성 물고기였지만 바다로 가지 않고 냇물에 정착해 살게 된 경우.
예) 열목어, 산천어, 밀어, 가시고기, 빙어 등

잡으면 안 되는 민물고기 보호종

민물고기 중에는 우리 냇물에서 점점 사라지고 있어서 꼭 보호해야 하는 것들이 있다. 문화재청에서 천연기념물로 지정한 물고기와 특정 냇물이 9건 있고, 환경부 멸종위기야생동식물 Ⅰ·Ⅱ급 목록에도 18가지나 올라 있다. 이름과 생김새를 기억해 두었다가 냇물에서 만나면 반드시 지켜 주자.

천연기념물

1. 천지연 무태장어 서식지 | 천연기념물 제27호(1962. 12. 3)
2. 정암사 열목어 서식지 | 천연기념물 제73호(1962. 12. 3)
3. 봉화군 석포면 열목어 | 천연기념물 제74호(1962. 12. 3)
4. 한강의 황쏘가리 | 천연기념물 제190호(1967. 7. 11)
5. 금강의 어름치 | 천연기념물 제238호(1972. 5. 1)
6. 어름치 | 천연기념물 제259호(1978. 8. 18)
7. 미호종개 | 천연기념물 제454호(2005. 3. 17)
8. 꼬치동자개 | 천연기념물 제455호(2005. 3. 17)

멸종위기야생동·식물 Ⅰ급

1. 감돌고기
2. 흰수마자
3. 얼룩새코미꾸리
4. 미호종개
5. 꼬치동자개
6. 퉁사리

멸종위기야생동·식물 Ⅱ급

1. 칠성장어
2. 다묵장어
3. 묵납자루
4. 임실납자루
5. 가는돌고기
6. 꾸구리
7. 돌상어
8. 모래주사
9. 가시고기
10. 잔가시고기
11. 종개
12. 한둑중개

생김새로 알 수 있는 민물고기의 생태

부위별 명칭

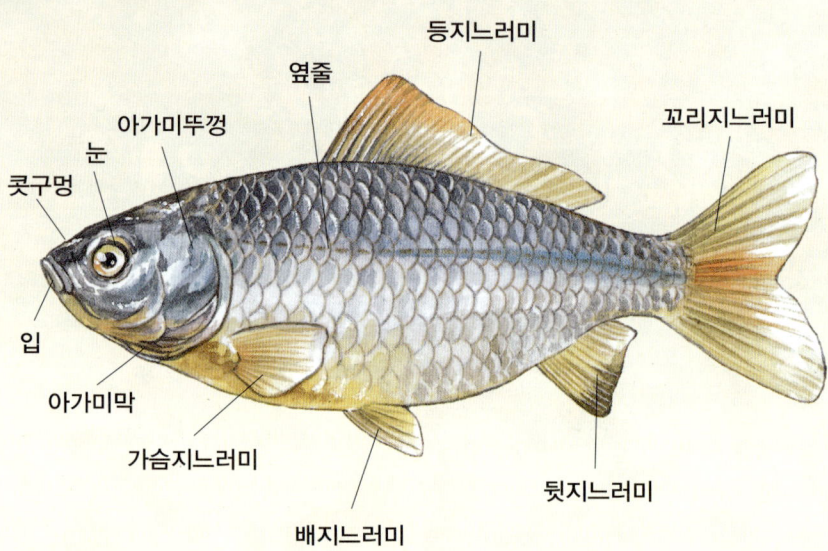

콧구멍 · 눈 · 아가미뚜껑 · 옆줄 · 등지느러미 · 꼬리지느러미 · 입 · 아가미막 · 가슴지느러미 · 배지느러미 · 뒷지느러미

몸 형태에 따른 구분

미꾸라지형

몸이 가늘고 길다.
→ 주로 하천 바닥을 기듯이 헤엄치거나 모래를 파고 들어가 산다.
예) 뱀장어, 다묵장어, 미꾸리, 참종개 등

납자루형

몸이 좌우로 납작하다.
→ 물이 느리거나 정체된 곳에 산다.
예) 각시붕어, 흰줄납줄개, 묵납자루 등

쉬리형

몸이 날렵한 유선형이다.
→ 물살이 빠른 곳도 잘 헤엄쳐 다닌다.
예) 배스, 잉어, 쉬리 등

동사리형

몸이 위아래로 납작하다.
→ 바닥의 바위나 돌에 잘 붙어 있다.
예) 돌상어, 꾸구리, 동사리 등

꼬리지느러미 모양에 따른 구분

V자 꼬리: 대부분 날렵한 유선형 몸으로 물살이 빠른 여울에서 산다. 매우 민첩하게 헤엄친다.
둥근 꼬리: 대부분 물 흐름이 느린 냇물 바닥이나 소 등에서 산다. 여유롭게 헤엄친다.

입 모양에 따른 구분

위아래로 납작하거나 뾰족한 입: 모래나 돌 틈을 잘 파고든다. 입 주변에 수염이 있어 먹이를 찾는 감각이 발달한다. 냇물 바닥에 숨은 물속곤충을 잘 잡아먹는 육식성이 많다.
위로 향한 입: 송사리처럼 수면 가까이에서 생활하며 물 위에 뜬 것을 먹는다. 물속 부유물이나 플랑크톤을 먹는 초식성 물고기가 많다.
아래로 향한 입: 위턱이 아래턱보다 커서 입이 아래로 향했다. 돌에 붙은 물이끼를 쪼아 먹거나 모래나 잔자갈에서 유기물을 빨아들이기에 유리하다.

물속곤충이 사는 법

물속곤충은 일생을 물속에서 보내는 종류도 있지만 대부분은 알, 애벌레, 번데기, 어른벌레의 시기 중 일부를 물속에서 보낸다. 우리나라 같은 온대지방에서는 물속에서 알이나 애벌레로 겨울을 나고 봄, 여름을 거쳐 어른벌레로 탈바꿈 하는 종류가 많다. 알에서 어른벌레까지 완전한 생활 주기를 거치는 데는 보통 1년이 걸리고, 2년이 걸리거나 훨씬 짧은 경우도 있다.

물속곤충을 대표하는 잠자리는 물속에서 애벌레시기를 보낸 뒤 번데기 과정을 거치지 않고 6~10월 사이에 대부분 어른벌레로 탈바꿈한다. 애벌레로는 1~3년을 물속에서 살며 이때도 여러 번 허물을 벗으며(탈피) 성장한다. 다 자라면 천적의 눈에 띄지 않게 해질 무렵에 물풀을 기어올라서 날개돋이(우화)를 한다. 짝짓기 후에는 다시 연못이나 냇물 옆의 물풀 줄기에 알을 낳고 생을 마감한다.

잠자리의 한살이

물속곤충은 어떻게 숨을 쉴까?

곤충들은 허파가 없어서 피부로 호흡한다. 그런데 물속에 사는 곤충들은 피부로 산소를 직접 흡수할 수 없기 때문에 '기관아가미'라는 독특한 기관을 이용해 물속에 녹아 있는 산소를 빨아들이거나 물 표면으로 올라가 숨관을 밖으로 내밀고 공기호흡을 한다. 공기호흡을 하는 종류는 물방개, 물땡땡이 등의 딱정벌레, 물자라, 송장헤엄치기 등의 노린재 정도다. 그밖에 하루살이, 강도래, 잠자리 애벌레 등은 모두 기관아가미로 숨을 쉰다. 기관아가미는 배마디나 가슴마디에서 나오며, 털 뭉치나 배에서 쓰는 노, 혹은 실처럼 생겼다.

양서류의 일생

대부분 물속에 알을 낳고 커서도 물과 뭍을 오가며 사는 양서류는 냇물에서 알, 올챙이(유생), 성체의 모습을 모두 관찰할 수 있다. 냇물에서 만날 수 있는 개구리는 계곡산개구리, 북방산개구리, 물두꺼비, 무당개구리, 옴개구리 등이며, 도롱뇽들 중에서는 도롱뇽과 꼬리치레도롱뇽을 구분할 수 있으면 재미있다.

개구리와 도롱뇽은 자연 상태에서 10~12년을 살 수 있다고 한다. 알을 낳는 시기와 알에서 깨어나는 시기, 올챙이 기간 등이 종마다 조금씩 다르지만 모두 겨울잠을 자고 이른 봄에 깨어나자마자 알을 낳으며 여름이 되기 전에 성체로 자란다. 계곡 옆 웅덩이에 똑같이 알을 낳는 산개구리와 도롱뇽은 알에서 올챙이가 나오는 데 걸리는 시간이 다르다. 산개구리는 8~15일이 걸리고, 도롱뇽은 그보다 긴 40~50일이 걸린다. 그래서 도롱뇽은 산개구리보다 빨리, 이르면 1월 중순부터 냇가를 찾아 알을 낳는다. 같은 물에서 올챙이가 깨어나기 때문에 한 발 늦으면 먹이가 되기 때문이다.

개구리의 한살이

부록 205

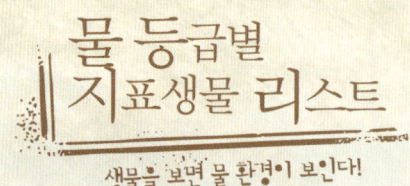
물 등급별 지표생물 리스트
생물을 보면 물 환경이 보인다!

    기후나 흙, 물 같은 자연환경의 상태를 나타내는 데 표지로 쓰이는 생물 군락을 '지표생물'이라고 한다. 우리나라 하천의 수질을 평가할 때도 기준으로 쓰는 지표생물이 있다. 계곡이나 냇물, 강에서 이런 생물을 만나면 우리는 그 물의 오염 정도까지 저절로 알 수 있게 된다. 예전에는 물 상태를 단순히 1~3등급으로 나누었지만 요즘은 7단계로 세분화해 쓰고 있다. 등급은 Ⅰa(매우 좋음), Ⅰb(좋음), Ⅱ(약간 좋음), Ⅲ(보통), Ⅳ(약간 나쁨), Ⅴ(나쁨), Ⅵ(매우 나쁨)으로 나누며, Ⅰa~Ⅰb가 흔히 말하는 1급수, Ⅱ단계는 2급수다. 우리가 주로 관찰하는 계류부터 중류성 냇물까지는 대부분 Ⅱ단계 이상이며 아무리 오염이 심해도 Ⅲ단계(3급수)다. Ⅳ단계에서는 저항성이 강한 잉어, 붕어 등이 적당히 견딜 수는 있지만 정상적으로 살기 어려우며 Ⅴ단계 이하는 물고기가 전혀 살 수 없다.

[우리나라 하천의 수질 기준]

등급		기 준					
		수소이온농도 (pH)	생물화학적 산소요구량 (mg/L)	부유물질량 (mg/L)	용존산소량 (mg/L)	대장균군(군수/100mL)	
						총 대장균군	분원성 대장균군
Ⅰ-a	매우 좋음	6.5~8.5	1 이하	25 이하	7.5 이상	50 이하	10 이하
Ⅰ-b	좋음	6.5~8.5	2 이하	25 이하	5.0 이상	500 이하	100 이하
Ⅱ	약간 좋음	6.5~8.5	3 이하	25 이하	5.0 이상	1,000 이하	200 이하
Ⅲ	보통	6.5~8.5	5 이하	25 이하	5.0 이상	5,000 이하	1,000 이하
Ⅳ	약간 나쁨	6.0~8.5	8 이하	100 이하	2.0 이상	-	-
Ⅴ	나쁨	6.0~8.5	10 이하	쓰레기 등이 둥둥 떠 있지 아니할 것	2.0 이상	-	-
Ⅵ	매우 나쁨	-	10 초과	-	2.0 이상	-	-

[등급에 따른 물의 쓰임새]

등급		쓰임새
Ⅰ-a	매우 좋음	상수원수 1급. 용존산소가 풍부하고 오염물질이 없는 청정 상태의 물. 식수로 바로 사용 가능하다.
Ⅰ-b	좋음	상수원수 1급. 용존산소가 많은 편이며, 오염물질이 거의 없다. 간단한 정수 처리 후 마실 수 있다.
Ⅱ	약간 좋음	상수원수 2급, 수산용수 1급. 약간의 오염물질은 있으나 용존산소가 많아 생물이 살기에 비교적 좋은 상태. 일반적인 정수 처리 후 먹거나 씻는 물로 쓸 수 있다. 수영을 해도 된다.
Ⅲ	보통	상수원수 3급, 수산용수 2급, 공업용수 1급. 오염물질이 보통인 일반 생태계를 이룬다. 고도의 정수처리 후 먹거나 씻는 물로 쓸 수 있으며, 일반적인 정수처리 후 공업용으로 쓴다.
Ⅳ	약간 나쁨	공업용수 2급. 오염물질이 많은 상태. 농업용으로 쓰거나 고도의 정수처리 후 공업용으로 쓸 수 있다. 낚시는 가능하지만 수영을 하면 피부병이 생길 수 있다.
Ⅴ	나쁨	공업용수 3급. 오염물질이 매우 많아 물고기가 살기 어렵다. 특수한 정수처리 후 공업용으로 쓸 수 있다.
Ⅵ	매우 나쁨	오염이 심해 용존산소가 거의 없는 물로 물고기가 살 수 없다. 악취도 심해 불쾌감을 준다. 생활뿐 아니라 농업, 공업용으로도 쓸 수 없다.

[등급에 따른 지표생물]

등급		지표 생물
Ⅰ-a~b	매우 좋음~좋음	금강모치, 열목어, 산천어, 둑중개, 옆새우, 가재, 뿔하루살이, 민하루살이, 강도래, 물날도래, 광택날도래, 띠무늬우묵날도래, 바수염날도래 등
Ⅱ	약간 좋음	묵납자루, 쉬리, 참갈겨니, 참종개, 퉁가리, 꺽지, 다슬기, 넓적거머리, 강하루살이, 동양하루살이, 등줄하루살이, 등딱지하루살이, 물삿갓벌레, 큰줄날도래 등
Ⅲ~Ⅳ	보통~약간 나쁨	뱀장어, 잉어, 붕어, 참붕어, 미꾸라지, 송사리, 물달팽이, 턱거머리, 물벌레, 밀잠자리 등
Ⅴ~Ⅵ	나쁨~매우 나쁨	왼돌이물달팽이, 실지렁이, 붉은깔다구, 나방파리, 꽃등에 등

놀며 배우는 냇물여행